问号是开启任何一门科学的钥匙。

——巴甫洛夫

原来科学这么好玩 下

SCIENCE NONONO

这不科学啊 团队 著

▶ 阿基米吴 & 陈会玩

中国致公出版社

图书在版编目（CIP）数据

原来科学这么好玩. 下 / 这不科学啊团队著. —— 北京：中国致公出版社，2021（2021.12重印）
ISBN 978-7-5145-1824-5

Ⅰ.①原… Ⅱ.①这… Ⅲ.①科学知识–青少年读物 Ⅳ.①Z228.2

中国版本图书馆CIP数据核字(2021)第033674号

原来科学这么好玩　下 / 这不科学啊团队　著
YUANLAI KEXUE ZHEME HAOWAN XIA

出　　版	中国致公出版社
	（北京市朝阳区八里庄西里100号住邦2000大厦1号楼西区21层）
出　　品	湖北知音动漫有限公司
	（武汉市东湖路179号）
发　　行	中国致公出版社（010-66121708）
作品企划	知音动漫图书·文艺坊
责任编辑	丁琪德　许子楷
装帧设计	郑雨薇
责任印制	程磊
印　　刷	武汉新鸿业印务有限公司
版　　次	2021年8月第1版
印　　次	2021年12月第4次印刷
开　　本	875 mm×700 mm　1/16
印　　张	7.5
字　　数	106千字
书　　号	ISBN 978-7-5145-1824-5
定　　价	39.8元

版权所有，盗版必究（举报电话：027-68890818）
（如发现印装质量问题，请寄本公司调换，电话：027-68890818）

原来科学这么好玩 —— 安全第一！

为了保护读者的安全，我们在每个实验标题旁边使用了与交通信号灯相同的红、黄、绿三种颜色来标识本书实验的风险系数。

● 红色代表该实验会使用明火、厨具或大功率电器，有可能引发火灾，需要大人陪同才能开展。

● 黄色代表该实验会用到刀具等尖锐物体和低毒性化学物品，需要在实验中多加注意，避免割伤或误饮中毒。

● 绿色代表该实验基本不存在安全风险，可以放心大胆地独自完成，要留心别把实验器材打碎了噢。

扫描二维码，观看阿基米吴和陈会玩真人实验视频，一起玩转科学的快乐星球！

目录
Catalogue

第一辑　看不见的手——气压和液压

- **2**　倒立水不掉
- **6**　水吸乒乓球
- **10**　迎风而上的乒乓球
- **14**　平分可乐
- **18**　彩虹气球环
- **22**　会喝水的瓶子
- **26**　打不湿的纸
- **30**　会喷雾的吸管
- **34**　模拟飞机机翼

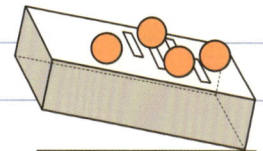

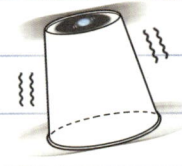

第二辑 化学反应嘉年华

40 杯子里的彩虹雨

44 橘子爆气球

48 变色的紫甘蓝

52 膨化食品知多少

56 彩虹瀑布

60 隔空点蜡烛

64 会吸水的蜡烛

68 自制净水器

72 自制白糖晶体

76 自制叶脉书签

第三辑 科学狂想曲

82 ● 估算圆周率——蒲丰投针

86 ● 微波炉测光速

90 ● 神奇的水珠

94 ● 费纳奇镜

98 ● 塑料袋火箭

102 ● 口香糖砸椰子

106 ★ 课本知识链接

109 ★ 后记

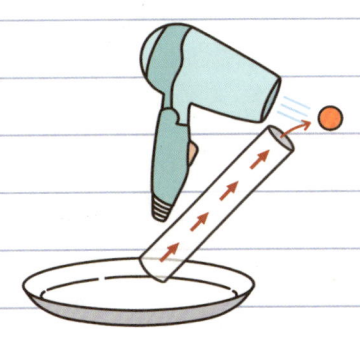

第一辑
看不见的手——气压和液压

倒立水不掉 你能做到吗?

阿基米吴 科学实验室 这有何难?

实验需要的器材
玻璃水杯、纸巾

1. 首先往玻璃水杯中倒满水（水一定要到杯沿）。

2. 然后把一张纸巾盖在杯口，并牢牢包住。

3. 最后把玻璃水杯倒过来，可以看到水无法透过纸巾流出来。

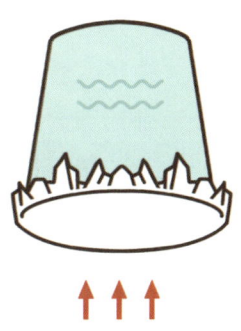

注意 太薄的纸巾容易破裂，导致实验失败。

●"倒立水不掉"的原因：大气压强

纸巾吸附在水表面后，杯内形成密闭空间，水杯倒置后，纸巾上方没有空气只有水，大气压强只作用于纸巾下方，方向朝上。因此纸巾就在大气压强的作用下将水托住不流出。

会玩课堂 这不科学？这是科学！

●敲黑板：压力差的妙用

茶壶盖：茶壶盖上都有小孔用来平衡壶内外大气压。若没有小孔，倒茶时随着水倒出，茶壶内空间变大，气压减小，茶壶外气压就会大于茶壶内气压，使得茶水在压力差的作用下无法顺利倒出。

真空吸盘：真空吸盘之所以能吸附在墙上，是因为贴近墙面的一侧空气被排出形成真空，外界气压大于内侧，吸盘内外侧就会存在压力差，将其牢牢压在墙壁上。与之原理类似的还有壁虎和章鱼的吸盘。

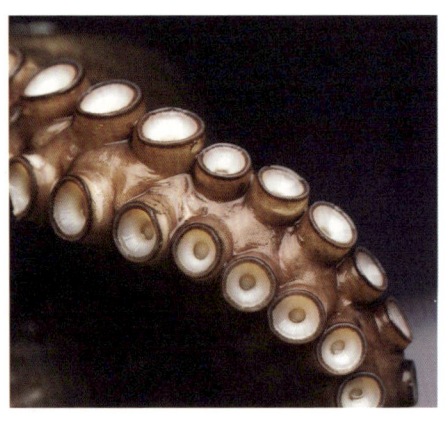

课本大发现：（这些知识课本里都能找到哦！）

大气压强：《物理》八年级下册 第九章第三节

天才思维会发散　你明白了吗？

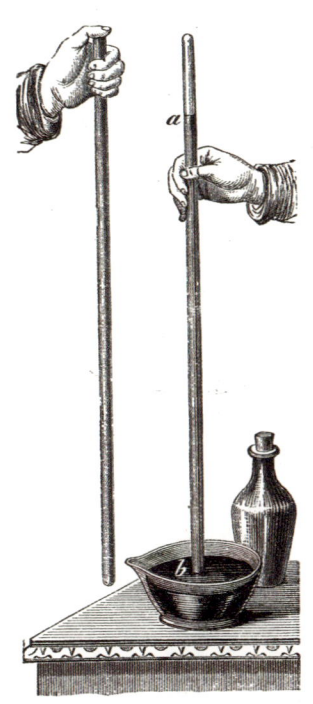

—— 大气压是如何被发现的？ ——

两千多年前，古希腊学者亚里士多德提出了"自然界害怕真空"的说法，他认为抽水机能将水抽上来，是因为活塞上升后，水会立即填满原本的位置以阻止真空的形成。这个理论解释了为什么自然界没有真空存在。

然而伽利略发现，抽水机将水抽到10米高度后，即便活塞与水面间仍有真空，也无法将水继续往上抽了。伽利略将这一现象归结为存在"真空力"。

后来，伽利略的学生托里拆利对此现象做了深入研究。他把装满水银的玻璃管一端封闭，开口端插入水银槽中，发现无论玻璃管长度如何，也不管玻璃管倾斜程度如何，管内水银柱的垂直高度总是76厘米。托里拆利由此得出结论：空气具有压力，这种压力作用在水银槽的液面上，使水银柱能保持在玻璃管内。水银柱产生的压力正好等于空气造成的压力。托里拆利的实验第一次证明了大气压力的存在。

水吸乒乓球 你能做到吗?

实验需要的器材

小瓶矿泉水瓶（无需瓶盖）、乒乓球

阿基米吴 科学实验室 这有何难？

1. 首先往塑料瓶中灌满水（水面到杯沿）。

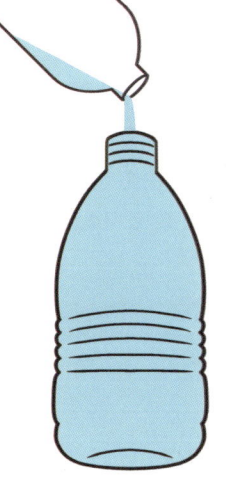

2. 然后把乒乓球放在塑料瓶瓶口，压紧。

3. 最后将塑料瓶和乒乓球倒过来，可以看到乒乓球被吸在瓶口，不会落下。

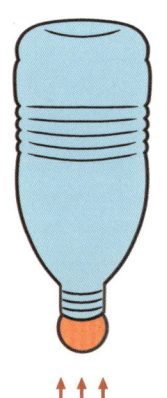

● 为什么乒乓球不会落下？

本实验中的乒乓球和上一个实验中的纸巾作用类似，都起到了阻止了空气流通的作用，使瓶内形成密闭空间。而瓶内装满水没有空气，乒乓球质量很小且受到来自瓶外的大气压力，就能被空气压在瓶口不落下。

● 敲黑板：生活中对压力差的应用

人的呼吸：人在吸气时，膈肌与肋间外肌收缩，引起胸腔体积增大，肺随之扩大，肺内气压减小，空气在压力差作用下进入肺部；反之，当人在呼气时，肺体积缩小，肺内气压增大，气体在压力差作用下排出体外。

开罐头：玻璃罐头难以被拧开的一个重要原因在于罐头封装时抽走了部分空气，使得罐头内部和外界存在气压差，大气压力将盖子牢牢压在瓶身上，增加了摩擦力。因此，开玻璃罐头时可以尝试先在盖子上撬开一个小缝隙使瓶内外气压平衡，再尝试拧开盖子。

课本大发现：（这些知识课本里都能找到哦！）

大气压强：《物理》八年级下册 第九章第三节

✏️ 笔记

会玩课堂 这不科学？这是科学！

天才思维会发散　你明白了吗？

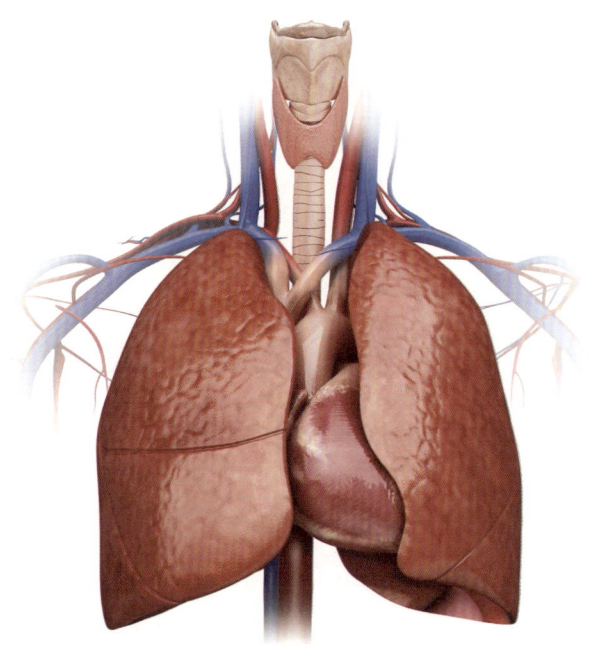

——气压变化对人体的影响——

人体所处环境的气压与人体健康息息相关。

人每天需要大约750克的氧气，其中20%为大脑所用。当气压降低时，大气中氧分压、肺泡中氧分压以及动脉血氧饱和度都随之下降，肌体会因为缺氧产生一系列反应，轻则心跳加快、呼吸急促，重则胸闷气短甚至陷入昏迷。这也是为什么人处在气压较低的高海拔地区时容易出现"高原反应"。此外，气压降低也会影响人的心理状况，使人产生焦虑、郁闷的情绪，例如雨天时气压降低，人们会感到心情格外压抑和烦躁。

过高的气压同样会给人带来健康隐患。人体在高压下，氮气会溶解进肌体各组织，而此时一旦突然减压，溶解的氮气不能及时通过呼气排出，就会在组织和血液中产生气泡，形成栓塞，造成一系列不良后果甚至危及生命。

迎风而上的乒乓球 你能做到吗?

实验需要的器材
电吹风、塑料盘、乒乓球、长塑料圆筒

阿基米吴科学实验室

这有何难?

1. 首先将乒乓球放在塑料盘里。

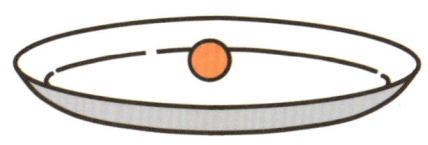

2. 然后把塑料圆筒倾斜45°放在塑料盘上方,下端靠近乒乓球。

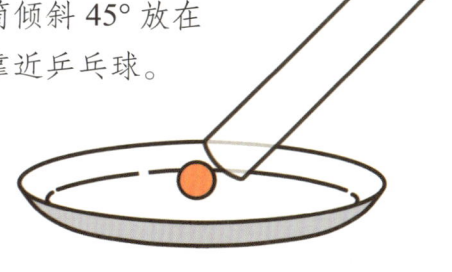

3. 最后拿出电吹风对着圆筒上端端口吹风,调整电吹风吹风的角度,可以看到乒乓球快速从下面的口进入圆筒,从上面的口飞出。

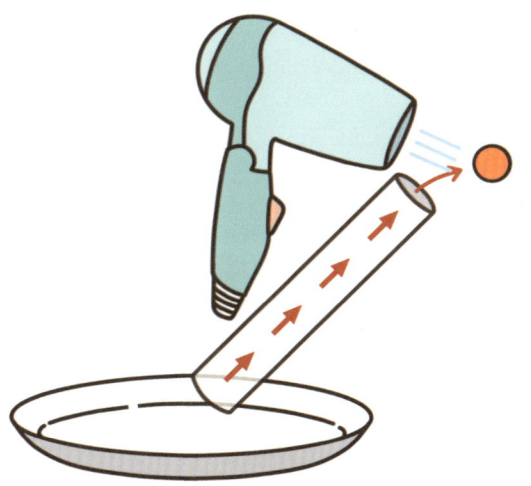

 电吹风请在成人陪同下使用,如有冷风挡请使用冷风挡。

会玩课堂 这不科学？这是科学！

● 乒乓球为什么能迎风而上？

在气体和液体中，流速越快的位置，压强越小，反之流速越慢的位置压强越大。这一现象首先被瑞士物理学家丹尼尔·伯努利于1738年提出，因此被称作伯努利原理。

本实验中，电吹风对圆筒上方吹气时，圆筒上方气流速度增加，气压减小，因此圆筒上下方产生气压差，因而产生压力差，乒乓球就会在压力差的作用下从上口飞出。

● 敲黑板：流体压强在生活中的实例

火车站旁的安全线：火车站台边都有一条黄色的警戒线，提醒乘客不要太过靠前，原因在于列车经过时会带动气流，形成低压带，乘客站得太靠近会被压力差推向列车，造成危险。

船吸现象：当两船相向并列航行时，因两船间水的流速加快，水压降低，两船外侧的水流速慢，水压相对较高，就会在两船内外侧之间形成压力差，推动船舶互相靠拢。这一现象被称为船吸现象。

课本大发现：（这些知识课本里都能找到哦！）

流体压强与流速的关系：《物理》八年级下册 第九章第四节

笔记

天才思维会发散　你明白了吗？

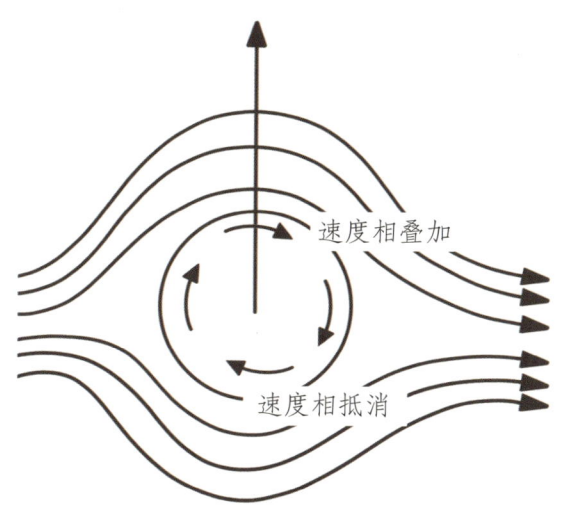

—— 球场上的流体力学——香蕉球 ——

在1997年一场巴西与法国的足球比赛中，巴西球员卡洛斯发出的任意球在空中划出一道匪夷所思的弧线，绕过了法国球员组成的人墙，攻破了法国队的球门，震惊在场所有观众。这个不可思议的进球正是"流体流速越快，压强越小"的体现。

球在空中一边飞行一边自转时，会带动其表面的空气层一起旋转，一侧空气层转动的速度和球的前进速度叠加；而另一侧的速度和前进速度相抵消，导致球的两侧气流速度不同。速度较大的一侧气压小，速度较小的一侧气压大，于是球的两侧便产生了压力差，因此球向前运动的同时也会向气压低的一侧偏移，划出弧线形的运动轨迹。

平分可乐 你能做到吗?

实验需要的器材

可乐、两个玻璃杯、可弯折的塑料吸管、剪刀

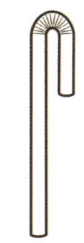

阿基米吴 科学实验室 这有何难？

1. 首先用剪刀把长吸管坚硬的部分剪掉一段，留下U形弯管。

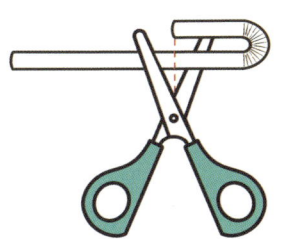

2. 然后将弯管浸入可乐中，确保可乐充满吸管。

3. 再将吸管的一端放入装有可乐的杯子，另一端放入空杯子。

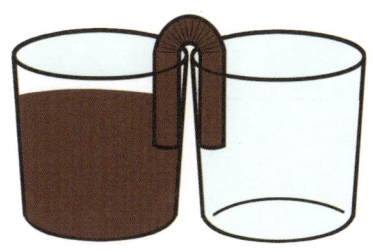

注意

可乐中的气泡可能会堵住吸管，手指轻轻将气泡弹掉，或者换无气泡的饮料尝试本实验。

4. 最后可以看到可乐经过吸管从一个杯子进入另一个杯子，在两杯中的高度一致时停止流动。

会玩课堂 这不科学？这是科学！

● **平分可乐的秘诀：虹吸原理**

充满液体的U形管插入两个杯子中时，空杯一侧管内的液体会在重力作用下流出，使管内形成负压，于是另一侧液体为平衡压强就会进入U形管。这一过程将一直持续，直到两边液面相平时，U形管左右两侧液体所受压强和重力相等，液体停止流动。

● **敲黑板：虹吸作用大，人人需要它！**

鱼缸换水：给鱼缸换水时，将一根装满水的软管一端没入鱼缸，另一端放入低处的排水口，水就会在虹吸作用下流向低处。

马桶抽水：虹吸式马桶在抽水时，储水箱的水涌入马桶池，马桶弯管内的水位也同步升高。当弯管的水位超过管顶时，水流向下水道，于是马桶池中的水在虹吸作用下被吸入下水道。

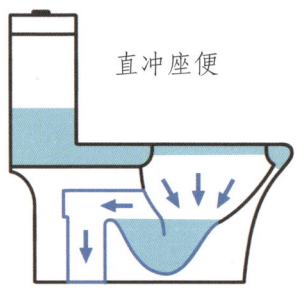

直冲座便如上图所示，管道比较大，弧度小。

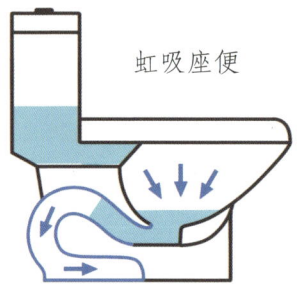

虹吸座便如上图所示，管道小一点，弧度大。

课本大发现：（这些知识课本里都能找到哦！）

大气压强：《物理》八年级下册 第九章第三节

天才思维会发散 你明白了吗?

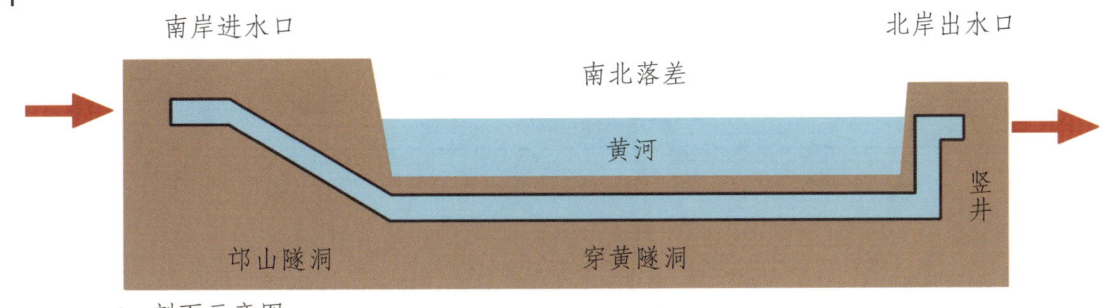

▲ 剖面示意图

—— 什么是倒虹吸? ——

在了解完虹吸原理后,我们知道用一根充满水的倒置U形管可以将水从高处输送往低处。但很多时候将倒置的U形管中充满水并非易事,因此大型工程中有一种更为普及的输水方式——倒虹吸。

当输水渠道与其他的道路或河流处在同一平面并且发生交叉时,常常采取倒虹吸的方式使渠道从道路或水流下方绕过。和虹吸管一样,倒虹吸的管道也借助液体重力和水位差使水从高处流向低处。不同的是虹吸管呈倒U形,而倒虹吸管则呈正U形。

倒虹吸在建筑工程中有着广泛应用,如我国的大型工程"南水北调"中的"穿黄隧道"就采取了倒虹吸的方式,通过在黄河下方修建倒虹吸管,使南岸的水顺利流向地势低约6米的北岸。

 笔记

彩虹气球环 你能做到吗？

实验需要的器材

五颜六色的气球若干、打气筒、双面胶、电吹风

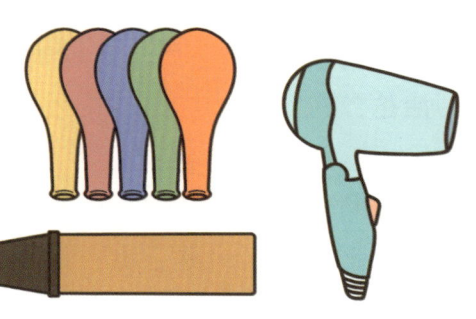

阿基米吴 科学实验室 这有何难？

1. 首先用打气筒给7~10个彩色气球打气至柚子大小。

2. 然后将7~10个打好的彩色气球用双面胶两两粘在一起，组成一个气球环。

3. 最后把气球环竖直拿起来，用电吹风以斜向上45°吹气球环，就可以看到气球环竖着在空中旋转起来。

（1）电吹风请在成人的陪同下使用。
（2）气球环尽量圆一点，直径1米以内，不要过大，否则难以被吹起。

会玩课堂 这不科学？这是科学！

● 气球环被吹起的秘密

伯努利原理：流体的流速越快，压强越小，这一定理又叫作 伯努利原理。

康达效应：流体流经凸出物体的表面时，会改变原来的流向，改为顺着物体的表面流动。

本实验中，电吹风吹出的气流在电吹风上方形成低压区，因此气球环被气压差锁定在电吹风上方；同时一部分气流顺着气球环外表面流动，带动气球环不断旋转，因此气球环就能悬浮在电吹风上方的同时不断旋转。

● 敲黑板：生活中的伯努利原理和康达效应

生活中的伯努利原理：当强风迎面吹向自己时会感到难以呼吸，是因为气体流速太快，气压太小，空气难以被吸入肺中。

生活中的康达效应：垂直流下的自来水柱在碰到勺子后，不再按重力的方向垂直向下流去，而是沿着勺子的弯曲表面流向勺子的下部。

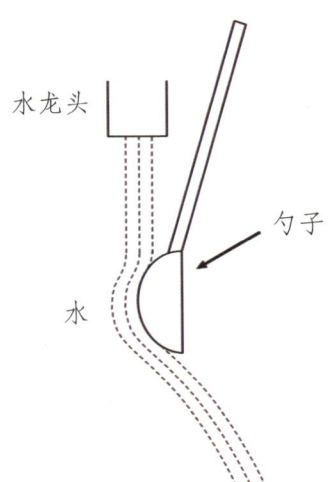

课本大发现：（这些知识课本里都能找到哦！）

流体压强与流速的关系：《物理》八年级下册 第九章第四节

天才思维会发散　你明白了吗?

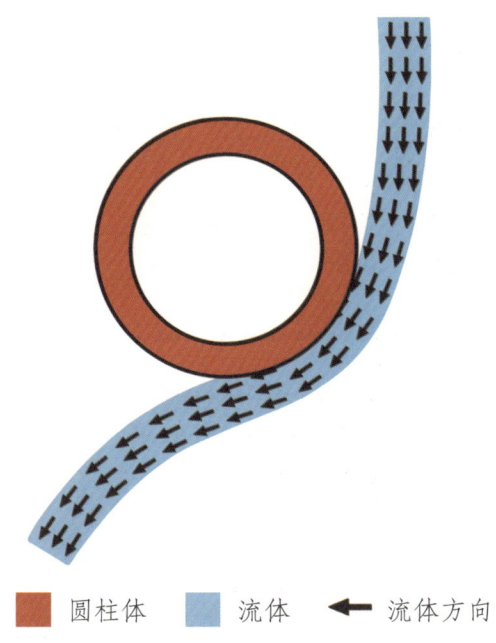

■ 圆柱体　■ 流体　← 流体方向

—— 倒水时为什么总是容易洒出来? ——

你是否遇到过这种烦恼：用杯子或者碗向另一个容器倒水时，水流并不总是乖乖地竖直流下，而是贴着杯子或碗的外壁一直流到底，最后洒得到处都是。

这一现象正是康达效应的体现。康达效应，又称为"附壁作用"，是指流体具有偏离原本流动方向，改为随着凸起物体表面流动的倾向。其根本原因在于流体具有一定的黏滞性，对物体的表面有一定的依附作用。康达效应和物体表面的形状有关，仅在物体表面与流体流动方向的夹角较小时，流体才会转而依附于物体表面流动。所以下次倒水时如果还担心水会顺着杯壁流出去，就试着将杯子的倾斜程度加大一些吧！

会喝水的瓶子 你能做到吗?

实验需要的器材

较深的玻璃碗、硬质塑料瓶、一杯水、一壶60°C左右的热水

1. 首先在玻璃碗内倒入约1/3的冷水。

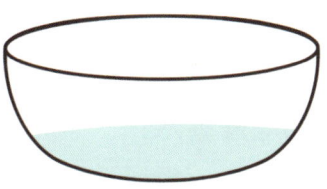

2. 然后向塑料瓶内倒入60°C左右的热水（不要用开水，小心烫伤）几秒钟后再把热水倒掉。

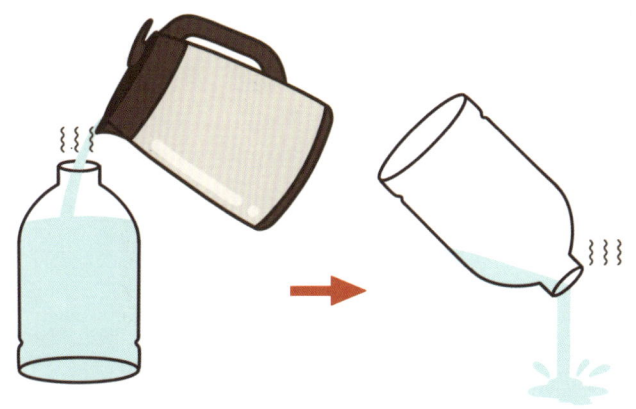

3. 最后将塑料瓶迅速倒扣在玻璃碗内，可以看到碗中的水被吸进塑料瓶内。

 **注意** 防止被热水烫伤可佩戴隔热手套进行实验，塑料瓶最好选用硬质塑料（捏起来基本不变形），否则遇热会变形软化。

阿基米吴 科学实验室 这有何难？

会玩课堂 这不科学？这是科学！

● 为什么瓶子会喝水？

瓶子里装入热水再倒出后，瓶子里的空气受热膨胀，一部分空气被挤出。随后，瓶子倒扣在水面上，形成了密闭的空间使空气无法进入。但瓶内热空气冷却后体积缩小，气压也随之减小，因此水在内外气压差的作用下进入瓶中。当上升的水的重力和气压差产生的压力相等后，水便停止进入瓶中。

● 敲黑板：压力差的生活妙用

吸管的原理：用吸管吸饮料时，吸管内的空气被吸走形成负压，吸管内部和外界形成气压差，液体就会在大气压强的作用下被挤入吸管。

钢笔灌墨水：给钢笔灌墨水时，先将笔尖浸入墨水中，再捏紧墨胆排空里面气体，松手后墨胆恢复形状，墨胆内形成负压，墨水就会在压力差作用下进入墨胆中。

课本大发现：（这些知识课本里都能找到哦！）

大气压强：《物理》八年级下册 第九章第三节

 笔记

天才思维会发散　你明白了吗？

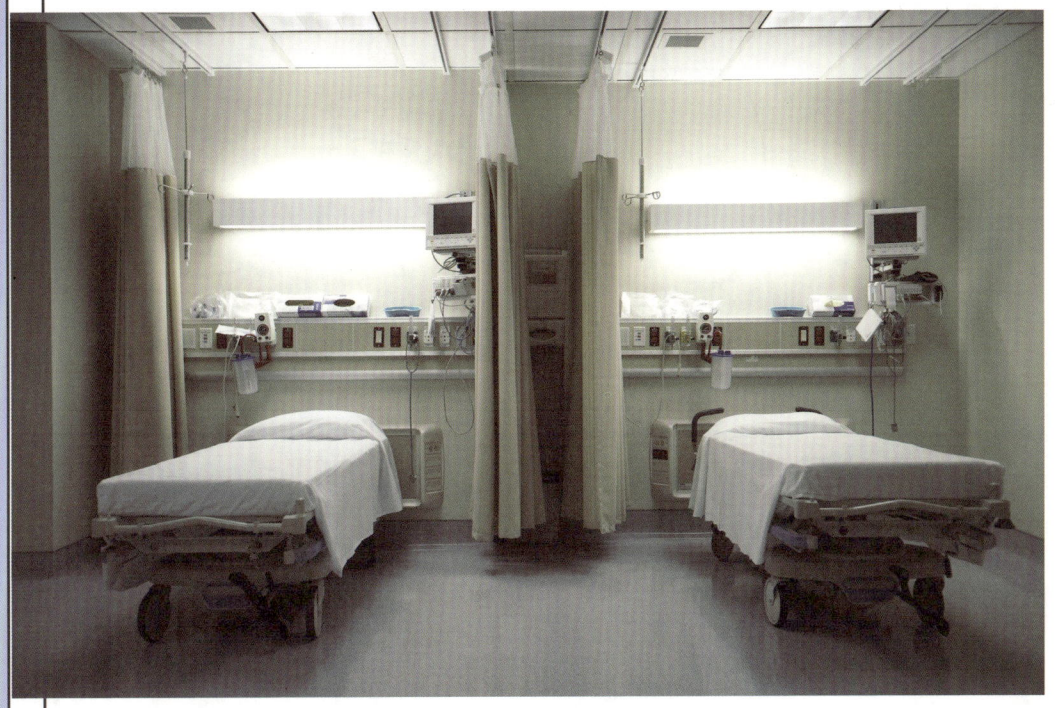

—— 什么是负压病房？——

　　感染有较强传染性疾病的患者在住院治疗时，为避免医患之间出现交叉感染，患者常常会被安排进负压病房进行集中隔离治疗。那么，什么是负压病房呢？

　　负压病房是指通过特殊装置使病房内气压低于病房外的一类病房。由于病房内外存在气压差，因此新鲜空气能流入病房，而病房内的病菌或被污染的空气无法泄漏到病房外。此外，负压病房还配备有完整的换气系统和空气净化系统。这样一来，负压病房就像是被"口罩"所隔离的区域，确保外界环境不被污染，也大大降低了医护人员被感染的概率。

　　也许有人会问，病房内气压低于大气压，那么患者是否会感到呼吸困难呢？其实大可不必担心，因为负压病房内气压仅仅比外界少15~20帕斯卡，而地表大气压通常达到10^5帕斯卡，相比而言如此小的变化并不会影响患者的呼吸，反而在病房完备的通风净化系统下，患者能更好地接受治疗，更快地恢复健康。

打不湿的纸 你能做到吗?

实验需要的器材
一桶水、透明塑料杯、纸巾

阿基米吴 科学实验室 这有何难？

1. 首先把一张纸巾揉成团，塞入塑料杯中，压紧。

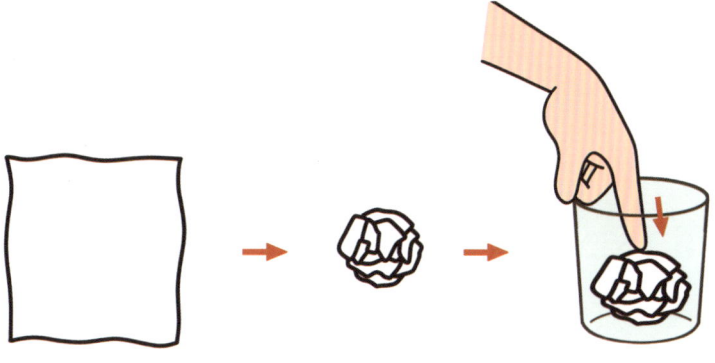

2. 然后把塑料杯迅速倒扣进水桶内。

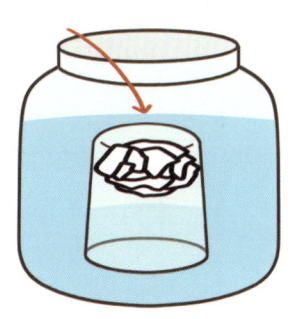

3. 最后将塑料杯取出，拿出纸巾，可以看到揉成团的纸巾没有被打湿。

会玩课堂 这不科学？这是科学！

● **为什么纸巾不会湿？**

杯子倒扣入水中时，杯子内部形成密闭空间，杯内的空气产生大气压强，作用于水面产生向下的压力，使水面无法上升，纸巾也就无法被水打湿。

● **敲黑板：生活中的密封**

热水器的水阀：只打开热水器的一个进水阀时，由于水箱内有空气，存在大气压强。因此在大气压力的作用下水无法顺着水阀进入水箱。只有打开其他阀门使水箱内大气与外界平衡的时候，水才能顺利进入热水器的水箱。

检查装置气密性：利用气体的压强，可以检查化学实验装置是否漏气。如图，向分液漏斗中加水后，如果瓶内密封性良好，则瓶内的气压会使水无法流下；反之如果瓶内存在漏气的地方，液体就会顺着分液漏斗流入锥形瓶。

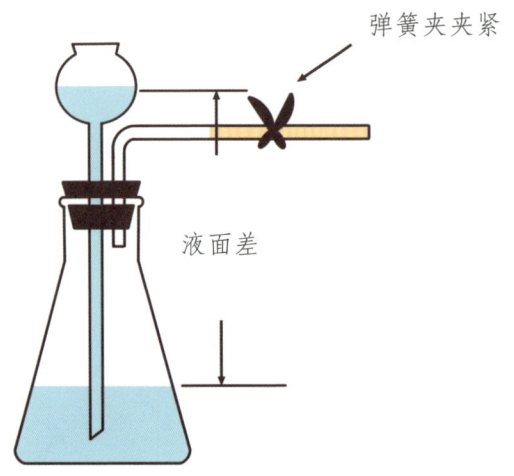

弹簧夹夹紧

液面差

课本大发现：（这些知识课本里都能找到哦！）

大气压强：《物理》八年级下册 第九章第三节

天才思维会发散 你明白了吗？

——气体压强的本质——分子动理论——

我们知道气压之所以存在，是因为气体也有一定的质量且具备流动性。实际上，从微观的角度出发，我们也能很好地解释这一点。

根据分子动理论，分子会做无规则运动，这一运动在气体分子中尤为明显。无规则运动的气体分子会不断碰撞容器边界。单个分子对边界的碰撞时间极短，但大量的分子频繁而持续地碰撞，就产生了连续的、较大的作用力，这便形成了气体压力。单位空间内气体分子数越多，碰撞频率越高，作用于单位面积的气体压力越大。这也是为什么当一个容器的气体含量恒定时，缩小容器体积会使容器内气压增大。

会喷雾的吸管 你能做到吗?

实验需要的器材

两根吸管、一个塑料杯

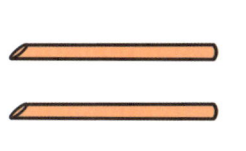

1. 首先把一根吸管插入装有水的塑料杯，水量最好为 3/4 到 4/5 杯。

2. 然后把另一个吸管一端对着嘴，另一端与杯中的吸管呈 90°相贴。（在两根吸管接头处，下方吸管应挡住上方吸管口一半左右的面积。）

3. 最后对着吸管吹气，可以看到从两根吸管贴合处飞出一片水雾。

吹

阿基米吴 科学实验室 这有何难？

为什么吸管会喷雾？

根据伯努利原理：流体的流速越快，压强越小。

向横着的吸管吹气时，两根吸管管口相对处的气体流速比较快，气压变低，而杯中水面上方气压不变，二者之间形成气压差，杯子里的水在大气压强的作用下顺着吸管上升最后喷出吸管。喷出的水被横吸管吹出的气流打散，就形成了水雾。

敲黑板：汽油发动机的原理

喷雾器：有一种喷雾器的工作原理和本实验一致，按压喷头后，管道口产生高速流动的气体，使瓶内液体在气压差的作用下流向管口并被气流打散成水雾。

汽油发动机：和喷雾器相似，汽车发动机中的化油器是向汽缸里供给燃料与空气混合物的装置，当汽缸里的活塞做吸气冲程时，空气被吸入管内，流经管的狭窄部分时流速增加，压强减小，汽油就在气压差的作用下从安装在狭窄部分的喷嘴里流出，被喷成雾状，形成油气混合物进入汽缸。

会玩课堂 这不科学？这是科学！

课本大发现：（这些知识课本里都能找到哦！）

流体压强与流速的关系：《物理》八年级下册 第九章第四节书本实验

 笔记

天才思维会发散　你明白了吗？

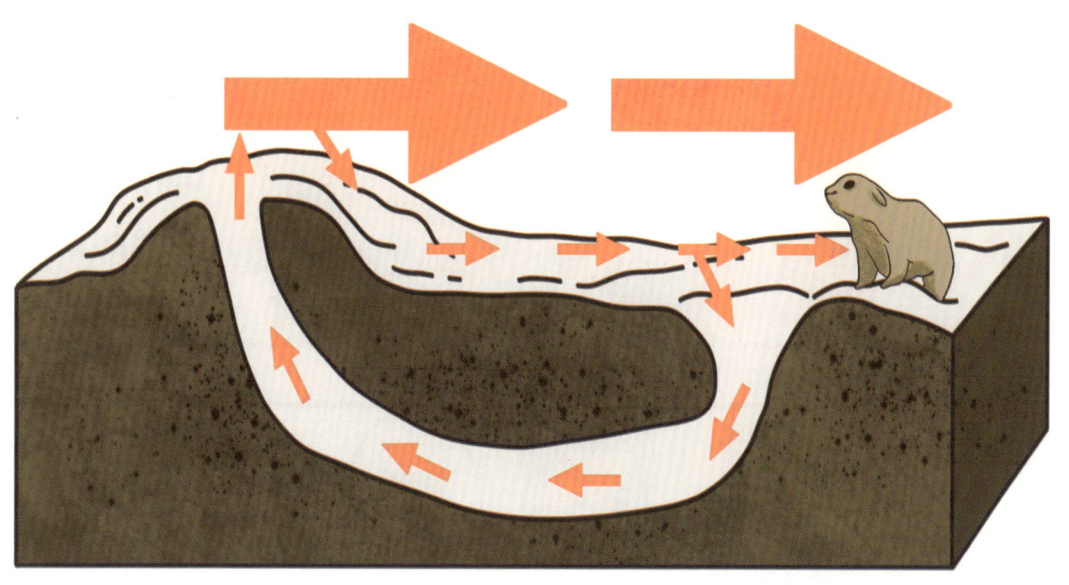

伯努利原理在自然界的运用

土拨鼠是一种穴居型啮齿动物，多数栖息于平原和山地，又被称为"草原犬"。它们生活在地底错综复杂的隧道中，隧道通常可以蔓延十多米，深达数米。在这么长而深的隧道中空气势必难以流通，土拨鼠又是如何解决这个问题的呢？

原来，土拨鼠的隧道设有两个孔洞，一个是平的，另一个则是隆起的土堆。每当有风吹过，在两个出口处便产生了流速差，进而产生气压差，隧道内的空气便会在气压差的作用下流动起来。这样一来，即使地表有很微弱的风，整个隧道也能空气通畅。

土拨鼠洞穴的特性也被科学家们用在了建筑和汽车的被动通风系统之中，通过调整出风口和入风口的形状，再诱导气流吹过出风口和入风口，就能使整个设施内的空气都流动起来。

模拟飞机机翼 你能做到吗?

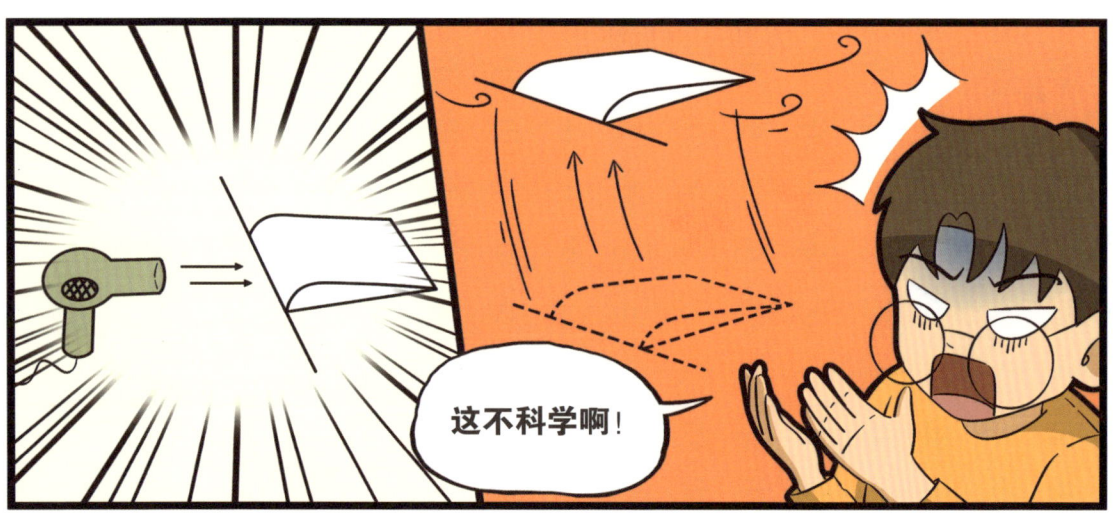

实验需要的器材

白纸、铅笔、直尺、透明胶、细线

阿基米吴 科学实验室
这有何难？

1. 首先利用铅笔和直尺在纸上画出飞机机翼模型的展开图,然后沿实线剪出。

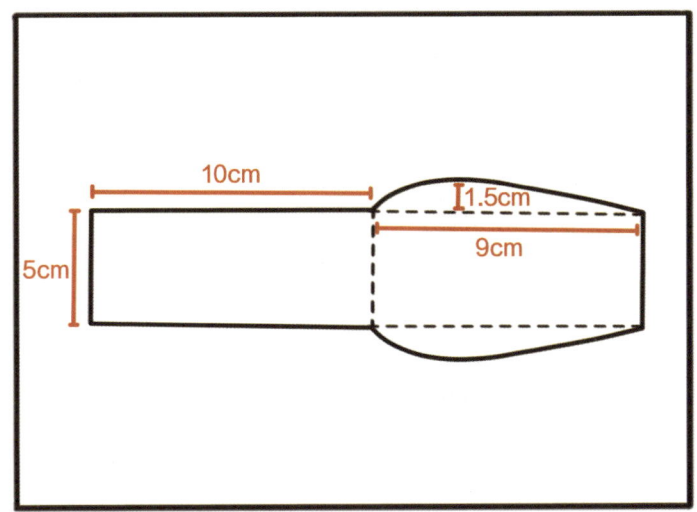

2. 接着把一根细线粘在中间的虚线处,再把机翼折起来粘好。

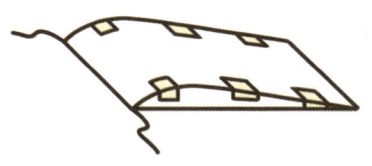

3. 最后把细线拉紧,对着它吹气,可以看到机翼向上翘起。

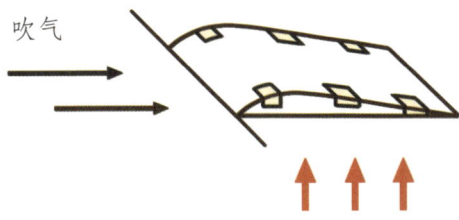

会玩课堂 这不科学？这是科学！

● 为什么机翼能帮飞机飞起来？

飞机机翼上方呈弧形，下方则比较平缓，飞机前进时气流穿过机翼，上方气体流速快，压强低；下方气体流速慢，压强大，因此机翼上下表面存在压强差，因而有压力差，使机翼产生升力。

● 敲黑板：鸟类的翅膀构造

大部分鸟类的翅膀上表面弯曲程度都大于下表面，这样一来在飞行时翅膀上方气体流速快、气压小，翅膀下方流速慢、气压大，鸟就可以借助翅膀产生的气压差飞得更加轻松，甚至滑翔很远的距离。人类制造飞机时，很大程度上参考了鸟类的翅膀构造。

课本大发现：（这些知识课本里都能找到哦！）

流体压强与流速的关系：《物理》八年级下册 第九章第四节 书本实验

天才思维会发散 你明白了吗？

—— 飞机发展史 ——

自古以来，人类就梦想着像鸟一样飞翔在天空中，飞机的出现将这一梦想付诸现实。

世界上第一架可以载人的飞机于20世纪初由美国的莱特兄弟发明。1903年12月，经过莱特兄弟的上千次滑翔试飞，名为"飞行者1号"的飞机首次进行了持续可操控的飞行。它的成功标志着飞机时代的来临。

20世纪30年代，活塞式飞机的时速已能达到700公里，但音障问题的存在使其难以继续发展。因此工程师们展开了对喷气式发动机的研究。1939年8月，第一架喷气式飞机在德国问世。随后在1947年，由美国制造的X-1飞机首次实现了超音速飞行。

随后，直升机、航天飞机、无人机等各种各样的飞行载具也相继问世。飞机承载和成就了人类遨游天空、挣脱束缚、追求自由的梦想，体现了人类坚韧不拔的探索精神和聪明智慧。

第二辑
化学反应嘉年华

杯子里的彩虹雨 你能做到吗?

实验需要的器材

两个玻璃杯、若干色素、一小杯食用油、搅拌棒、水

阿基米吴 科学实验室 这有何难？

1. 首先往玻璃水杯中加入 1/3 高度的食用油。

2. 然后向其中加入 3~4 种色素，每种加 3~5 滴，用搅拌棒将色素液滴搅拌成更小的液滴。

3. 再往另一个玻璃水杯中加入 1/2 高度的水。

4. 最后将混有色素的食用油倒入水中，可以看到色素穿过油层缓缓落入水中，形成"彩虹雨"。

会玩课堂 这不科学？这是科学！

● 彩虹雨是怎么形成的？

本实验中使用的色素能溶解于水而几乎不溶于油，且密度比油大，因此在油中会以液滴的形式存在。当将色素和油的混合物倒入水中时，油和水会形成分层，而原本在油滴中的色素液滴会一直下沉，在色素液滴到达油水交界处时，色素液滴溶解于水中并向下扩散，这一过程中就形成了美丽的彩虹雨。

● 敲黑板：利用密度的生活小妙招

煲汤时，汤里的油脂密度比水小且不溶于水，因此会漂浮在汤的表面形成一个个油滴，可以直接用勺子舀去。

油锅着火后不能用水灭火，原因在于水和油互不相溶且水密度比油大，因此当水浇入着火的油锅后，不仅会将着火的油滴溅起，而且油会浮在水上继续燃烧，无法达到灭火的效果。

课本大发现：（这些知识课本里都能找到哦！）

溶液的形成：《化学》九年级下册 第九单元课题1

笔记

天才思维会发散   你明白了吗？

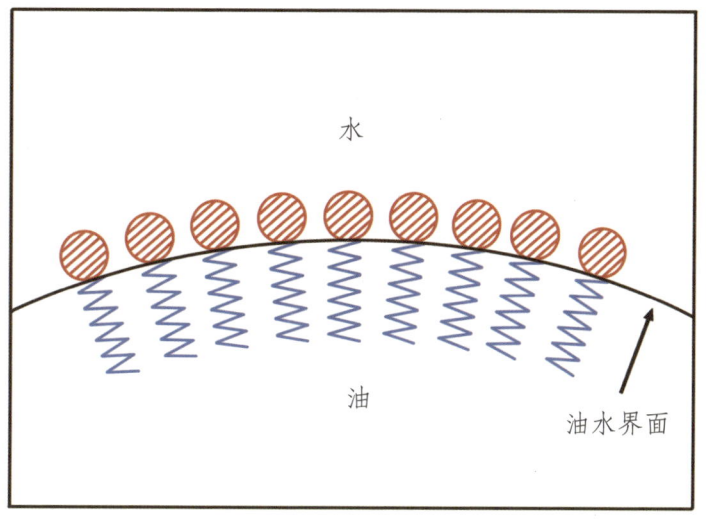

亲水基 〇〰〰 亲油基

—— 清洁剂的乳化原理 ——

我们知道，油和水几乎不能互相溶解。但如果加入洗洁精并搅拌，油就不再与水分层，而是在水中分散成一个个小液滴，这一现象被称为乳化现象。

洗洁精为什么能有如此神奇的能力？这要从洗洁精的成分说起。洗洁精的主要成分为直链烷基苯磺酸钠，这是一个长长的链条状分子。它的一端易溶于油，叫作"亲油基"；另一端则易溶于水，叫作"亲水基"。在搅拌水和油的过程中，油层被不断打散成细小的油滴，而洗洁精遇到油滴后，亲油的一端便插入油滴中，亲水的另一端朝向水中，在水和油的交界处形成一层薄膜，将小油滴牢牢包裹，小油滴便无法彼此结合起来，只能继续分散在水中，形成了我们所看到的乳浊液。

橘子爆气球 你能做到吗?

实验需要的器材
三个不同颜色的气球、打气筒、橘子皮

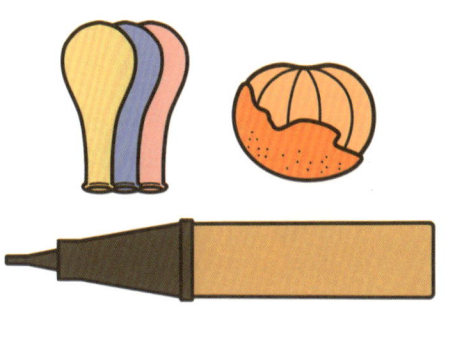

阿基米吴 科学实验室 这有何难？

1. 首先把三个不同颜色的气球套在一起。

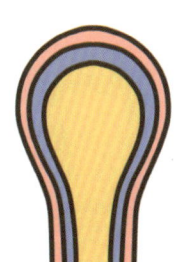

2. 然后往最里面那个气球里打气并系紧。

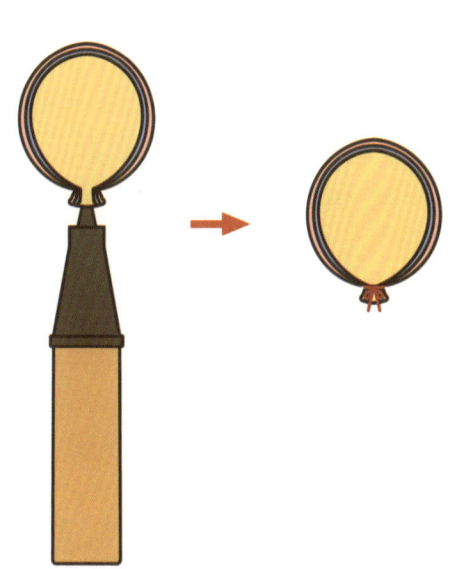

3. 最后把剥好的橘子皮靠近气球，将橘子皮表面的汁挤到气球上就会看到彩色气球依次爆开。

注意
小心气球爆炸吓到孩子。

   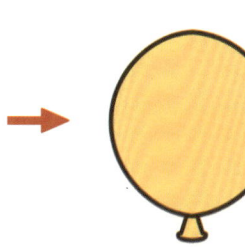

会玩课堂 这不科学？这是科学！

● 橘子皮为什么能让气球爆炸？

相似相溶原理：非极性溶质一般能溶于非极性溶剂，极性溶质一般能溶于极性溶剂。此外，相似相溶原理还适用于分子结构的相似性，如乙醇和水都含有相似的 –OH 基团，因而能互溶。

本实验中，橘子表皮的油腺含有一种名为柠檬烯的芳香烃，它是一种有机溶剂。气球的主要材料为乳胶和橡胶等高分子有机物，将橘子皮对着气球挤时，油腺中的柠檬烯溅射到气球表面，根据相似相溶原理，柠檬烯会将气球表皮溶解，导致气球表面局部变薄，气球能承受压力的能力变差而发生爆炸。

● 相似相溶原理的生活妙用

衣服不小心沾到油漆，用水难以清除，换用汽油就能轻松溶解掉油漆。

物体上的标签撕不下来时，在标签四周涂抹风油精，就能溶解掉标签背面的胶，从而将标签轻松撕下。

课本大发现：（这些知识课本里都能找到哦！）

相似相溶原理：《无机化学》第一章第一节

笔记

天才思维会发散　你明白了吗？

—— 提倡清淡饮食，就一定要少油吗？——

近年来大家对健康越来越重视，尤其在饮食上提倡"清淡少油"。不少人认为做饭时油越少越好，恨不得只有水煮和凉拌才健康。殊不知这样的烹饪方式对食物营养的利用率很低，长以此往对健康无益。

蔬菜中含有大量人体必需的营养物质，其中不乏脂溶性物质如维生素K、β-胡萝卜素、叶黄素、番茄红素等，它们几乎不溶于水，但在脂肪和有机溶剂中溶解度较高。如果一味采取水煮、凉拌或者生吃的方式，蔬菜中的脂溶性营养物质难以释放出来。而在烹饪过程中适当添加油脂，有利于这一类物质溶解到油脂当中，使人体更加容易吸收。除此之外，油脂也能很好地改善食物的口感和色泽，并且是维生素E的来源之一。因此炒菜时适当添加油脂是有利于身体健康的。

变色的紫甘蓝 你能做到吗?

实验需要的器材

5个透明塑料杯，紫甘蓝汁、碳酸饮料、消毒水、白醋、温水、小苏打，滴管

1. 首先准备5个透明塑料杯，分别往里面倒入半杯碳酸饮料、消毒水、白醋、温水、小苏打。

2. 然后用滴管吸取紫甘蓝汁，分别滴入5杯液体中。

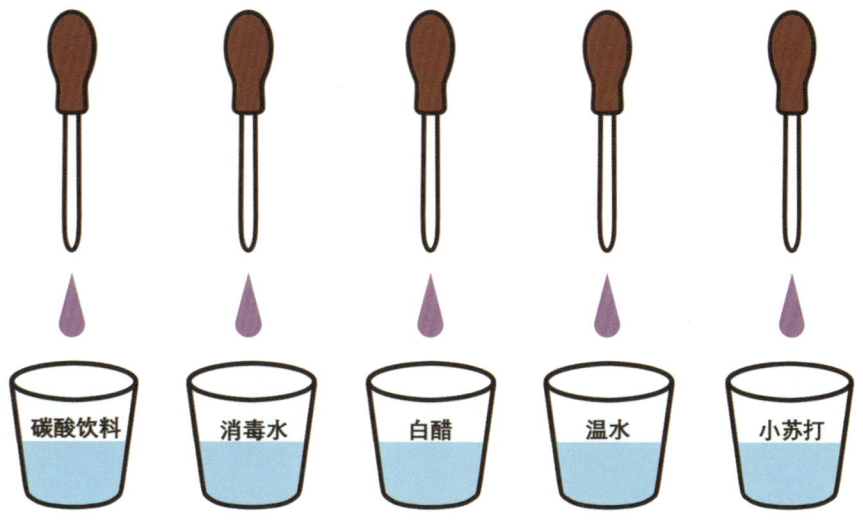

3. 最后可以看到5杯液体分别呈现出玫红色、透明、大红色、紫色和蓝色。

阿基米吴 科学实验室 这有何难？

会玩课堂 这不科学？这是科学！

● 紫甘蓝汁为什么会变色？

用于酸碱滴定，在不同酸碱性下呈现不同颜色的试剂叫作**酸碱指示剂**。不同酸碱指示剂具有不同的变色范围，有的在酸性溶液中变色，如甲基橙、甲基红等；有的在中性附近变色，如中性红、苯酚红等；有的则在碱性溶液中变色，如酚酞、百里酚酞等。

本实验中，紫甘蓝汁中含有大量花青素。花青素是一种酸碱指示剂，它在酸性条件下偏红，碱性条件下偏蓝，因此滴加到酸碱性不同的溶液中时会呈现不同的颜色。

● 敲黑板：能做酸碱指示剂的植物汁

除了紫甘蓝，其他植物也能提取酸碱指示剂。

如：取一个表皮颜色较深的紫红色新鲜萝卜，用小刀把紫红色的表皮小心刮下（不要把肉质带下），放入研钵或瓷碗中捣成浆状，用浓度95%的酒精浸泡一天左右，过滤取出它的滤液即能用作酸碱指示剂。还有很多植物的色素如月季花、菊花、牵牛花等植物的浸出液都可以制成不同的酸碱指示剂。

课本大发现：（这些知识课本里都能找到哦！）

常见的酸和碱：《化学》九年级下册 第十单元课题1

天才思维会发散 你明白了吗？

最强的酸——超强酸

我们知道像盐酸、硫酸、硝酸这一类酸称之为强酸，它们在水中都能完全电离氢离子，都具有强烈的刺激性和腐蚀性。

然而和有一类物质比起来，这些所谓的强酸只是小巫见大巫。这一类物质被称为超强酸，其酸性达到了不可思议的程度。它们通常是按照一定比例配制而成的，如将氢氟酸和五氟化锑按照物质的量比 1∶0.3 混合时，酸性是无水硫酸（100％纯硫酸）的约 1 亿倍；按照物质的量比 1∶1 混合时，其酸性则达到无水硫酸的 10^{19} 倍，是世界上已知酸性最强的物质。

由于超强酸有着令人难以置信的酸性，很多其他条件下根本无法进行的化学反应在它们的催化下都能顺利进行。如正丁烷在超强酸的作用下可以发生碳氢键的断裂生成氢气，可以发生碳碳单键的断裂生成甲烷，还可以发生异构化生成异丁烷，这些都是在其他条件下难以实现的。诸如此类的反应还有很多，可以预见，随着超强酸研究的进一步发展，化学研究与工业生产都会走向新的时代。

膨化食品知多少 你能做到吗?

实验需要的器材

纸箱、剪刀、若干乒乓球、若干小橡胶球

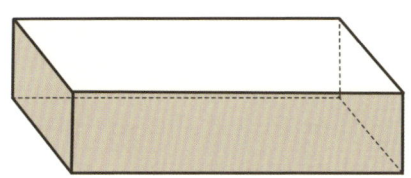  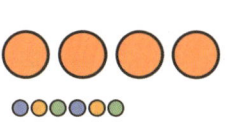

阿基米吴 科学实验室 这有何难？

1. 首先用剪刀在纸箱的一面间隔交错剪出细长条的矩形，再使纸箱倾斜。

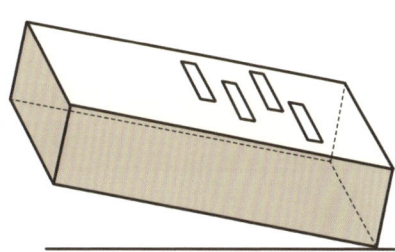

2. 然后让乒乓球从纸箱上滚过，乒乓球经过矩形空洞不会落入纸箱。

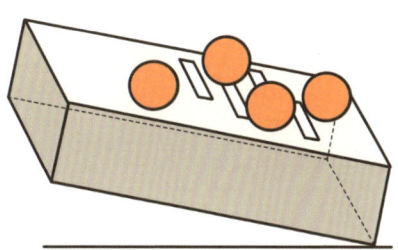

3. 最后让小橡胶球从纸箱上滚过，小橡胶球经过矩形空洞落入纸箱。

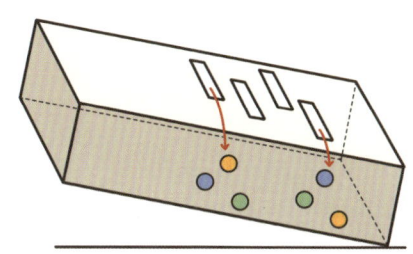

 矩形孔宽度应大于小橡胶球直径而小于乒乓球直径。

会玩课堂 这不科学？这是科学！

● 淀粉知识知多少

什么是淀粉：淀粉是一种主要存在于植物种子或块根中的多糖，它是一种天然高分子化合物。淀粉虽然属于糖类，但本身没有甜味。它在与水一起加热的过程中结构会发生改变，形成胶状淀粉糊，称之为淀粉的糊化。糊化是淀粉食品加热烹制的基本变化。

淀粉的消化：淀粉进入人体后，一部分被唾液淀粉酶分解成麦芽糖，余下的淀粉在小肠里被胰脏分泌的淀粉酶分解成麦芽糖，麦芽糖在小肠中被麦芽糖酶分解为可以被吸收的葡萄糖。

● 敲黑板：大量食用膨化食品的坏处

膨化食品在制作过程中，食物中的长链淀粉经过膨化被分解为短链淀粉和还原糖，更加容易被人体吸收。此外，为了改善口感，膨化食品中还会添加大量油脂、盐和糖，含有较高的热量，因此大量食用膨化食品容易导致肥胖。

课本大发现：（这些知识课本里都能找到哦！）

生命的基础能源——糖类：《化学》高中选修1 第一章第一节

天才思维会发散 你明白了吗？

——膨化食品是如何加工的——

一说起膨化食品，我们首先会想到各种零食：薯片、虾条、妙脆角……它们因口感松脆、口味香甜而深受大家喜爱。最早的膨化食品甚至可以追溯到400年前明朝崇祯年间的米花糖。膨化食品又是如何被"膨化"的呢？

我们发现，膨化食品几乎都以谷物、豆类、薯类作为主要原料，它们有一个共同点——含有大量的淀粉和植物蛋白。这些原料在膨化炉中经过高温高压会产生一系列变化：淀粉糊化，蛋白质变性，原料转变成了黏稠的糊状物，原料中的水分也呈现一种不稳定的过热状态。随后在某一瞬间停止加热加压，过热的水分立即汽化，体积急剧膨胀，巨大的膨胀压力便如同吹气球般将糊状物撑开，就成了我们看到的蓬松多孔的形状。

笔记

彩虹瀑布 你能做到吗？

实验需要的器材

彩虹糖一瓶、塑料圆柱体、双面胶、玻璃缸

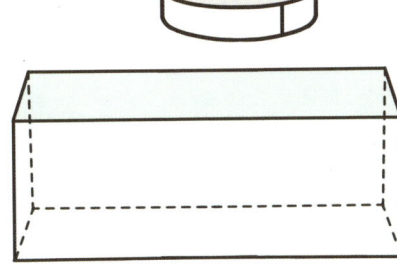

阿基米吴 科学实验室 这有何难？

1. 首先往大玻璃缸中加水至高度的 3/4 处。

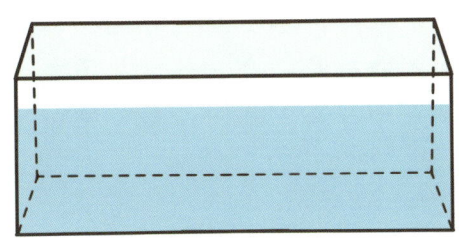

2. 然后把不同颜色的彩虹糖按一定顺序用双面胶粘在塑料圆柱体上。

3. 最后把塑料圆柱体放入玻璃缸中，可以看到彩虹糖表面色素溶解形成"彩虹瀑布"。

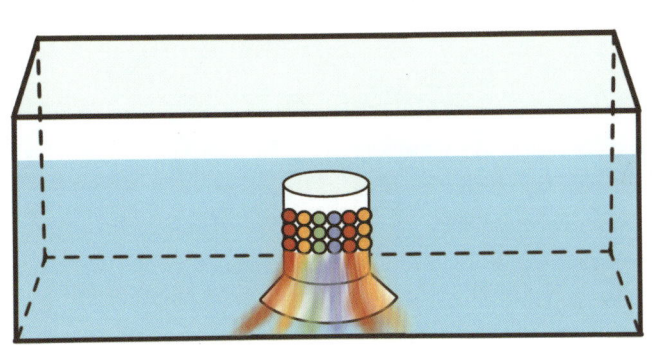

会玩课堂 这不科学？这是科学！

● **彩虹瀑布是如何形成的？**

一种物质溶解到另一种物质中时，会逐步扩散，最终形成均一的、稳定的混合物，叫作溶液。溶液不仅限于液态，也可以是气态甚至固态。如空气就是氧气、稀有气体、二氧化碳等分散到氮气中所形成的气态溶液。合金则是一种金属分散到另一种金属中形成的固态溶液。

本实验中，彩虹糖表面的色素会溶于水形成色素溶液，并且由于色素溶液密度比水大，会在扩散的同时向下沉淀，最终分散到整个水缸中。在此过程中就形成了彩虹瀑布。

● **敲黑板：生活中的溶解现象**

溶解现象在生活中无处不在。泡茶叶时，茶水颜色逐渐变深，是因为茶叶中的物质溶解进水中；烧菜时加入的盐粒一会儿就消失不见，是因为盐溶解进了汤汁中形成溶液；鱼能在水中存活，是因为氧气溶解进水中形成了溶液。

课本大发现：（这些知识课本里都能找到哦！）

溶液的形成：《化学》九年级下册 第九单元课题1

天才思维会发散　你明白了吗？

—— 不用水的干洗 ——

　　干洗不是什么神秘的洗衣方法，只是用了有机化学溶剂代替水来清洗衣服。干洗最常用的洗衣剂是四氯乙烯，因为它能溶解多种污渍，而且对常见衣物面料的伤害比较小。干洗的步骤主要有三步。

　　第一步，预处理。即用助剂将严重的污垢和不溶于干洗溶剂的污渍进行预处理，不使用水。

　　第二步，主洗涤。即将预处理过的衣物放进干洗机中，用干洗溶剂进行全面的洗涤并甩（烘）干。

　　第三步，后处理。即去除衣物中残留的干洗溶剂并把衣物熨烫整齐。

　　由于干洗剂一般都有毒，干洗机和普通的洗衣机不同，一般不会家用。所以有需要干洗的衣服还是集中起来一起送到干洗店洗涤吧！

隔 空 点 蜡 烛 你能做到吗?

实验需要的器材
蜡烛、打火机

1. 首先在一个昏暗的房间内用打火机点燃蜡烛。

阿基米吴 科学实验室 这有何难？

2. 待蜡烛燃烧一会儿后，把蜡烛吹灭。

 请使用正规厂家生产的打火机，在成人陪同下完成实验，并注意用火安全。

3. 然后迅速在蜡烛冒出的烟上打火，可以看到火顺着烟重新点燃了蜡烛。

会玩课堂 这不科学？这是科学！

● **为什么蜡烛能被重新点燃？**

升华和凝华：物质从固态直接变为气态的过程叫作升华，从气态直接变成固态的过程叫作凝华。

蜡烛熄灭后，从灯芯处升起的一缕白烟，其实是高温下蒸发的石蜡蒸汽在上升过程中遇冷凝华，形成的一颗颗细小的石蜡颗粒。当用火焰靠近这股白烟时，石蜡颗粒被点燃，火焰便顺着烟一直蔓延到灯芯处，将蜡烛重新点燃。

● **敲黑板**：与冰霜和灯泡有关的物态变化

窗户上的冰霜：冬天寒冷的早晨，室外物体上常常挂着一层霜，霜是空气中的水蒸气直接凝华而成的小冰粒。

用久的灯泡变黑：白炽灯内的钨丝会在高温下升华成气体。而关灯后，温度下降，钨蒸汽又重新凝华成固体覆在了灯泡内壁上。因为钨是黑色固体，所以白炽灯用久了以后，钨在灯内壁反复累集，灯泡就会变黑了。

课本大发现：（这些知识课本里都能找到哦！）

化学的性质：《化学》九年级上册 第一单元课题2书本实验
物态变化：《物理》八年级上册 第三章第四节

天才思维会发散 你明白了吗？

——蜡烛是怎么燃烧的？——

你是否有过这样的疑问：为什么蜡烛必须要有灯芯才能燃烧，而蜡无法直接被点燃呢？蜡烛究竟是靠什么在燃烧？

蜡烛由灯芯和周围包裹着的厚厚的石蜡组成，而外层的石蜡便是维持蜡烛燃烧的"燃料"。固态与液态石蜡和氧气的接触面积十分有限，难以持续燃烧，只有石蜡蒸气和氧气充分接触混合，才能顺利燃烧。

我们点燃蜡烛，其实是点燃了蜡烛上方的棉芯。当棉芯的火焰温度达到60°C左右时，周围的石蜡便会受热熔化为蜡油。而蜡油又在棉芯的毛细作用下顺着棉芯"往上爬"。蜡油被吸到燃烧的地方，经过加热变成石蜡蒸气，便会参与到燃烧之中。由此往复循环，蜡烛便能持续不断地燃烧，直至灯芯燃尽。

会吸水的蜡烛 你能做到吗?

阿基米吴 科学实验室 这有何难？

实验需要的器材
蜡烛、打火机、耐热的高玻璃杯、盘子

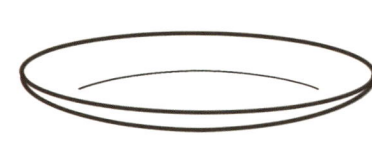

1. 首先把蜡烛放在盘子里。

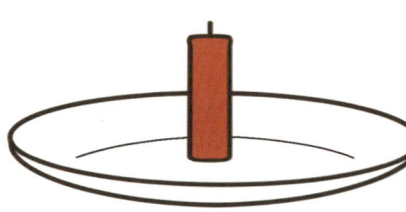

2. 然后向盘中倒水，并点燃蜡烛。

3. 最后扣上杯子，可以看到水被吸入杯中。

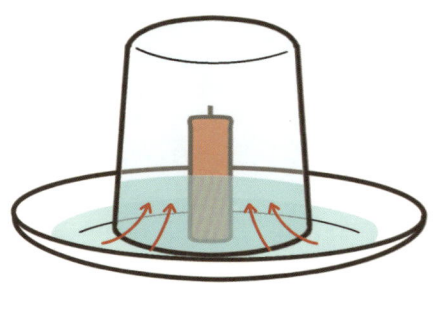

（1）请使用耐热玻璃杯，玻璃杯应足够高，使玻璃杯倒扣在蜡烛上时，杯底远高于火焰外焰。
（2）请使用正规厂家生产的打火机，在成人陪同下完成实验，并注意用火安全。

· 65 ·

会玩课堂 这不科学？这是科学！

● 蜡烛吸水的原理

燃烧：通常情况下，可燃物与氧气发生的一种发光、放热的剧烈氧化反应叫作<u>燃烧</u>。燃烧一般需要氧气的参与。

本实验中，蜡烛燃烧消耗掉杯子里的氧气，生成溶于水的二氧化碳，杯子里的气压降低，杯内和外界产生气压差，水便在大气压力的作用下被压入杯中。

● 敲黑板：生活中的氧化现象

燃烧是一种剧烈的氧化反应，燃烧现象无处不在。汽车、轮船、飞机等交通工具利用染料的燃烧获得动力，炒菜时利用燃气的燃烧进行烹饪，工业上利用乙炔气体的燃烧进行焊接等。但并非所有的氧化反应都和燃烧一样剧烈，如人的呼吸、金属的锈蚀和氧化、动植物的腐烂，都属于缓慢的氧化反应。

课本大发现：（这些知识课本里都能找到哦！）

氧气：《化学》九年级上册 第二单元课题2
二氧化碳的性质与实验室的制取：《化学》九年级上册 第六单元实验活动2

天才思维会发散　你明白了吗？

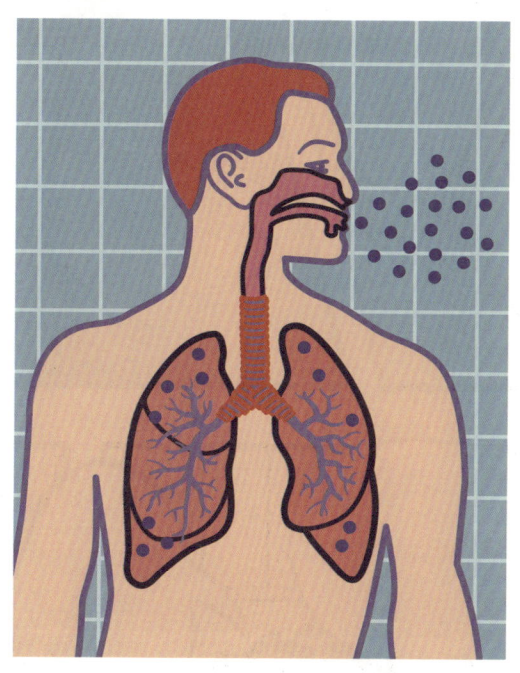

——人体内的"燃烧"——呼吸作用——

我们知道,燃烧本质上是一种伴随发光发热现象的剧烈的氧化还原反应。人的呼吸也是一种氧化还原反应,在呼吸过程中,细胞内的有机物被氧化分解,同时释放出能量。因此,我们也可以将呼吸看成一种人体内缓慢而温和的"燃烧"。

人在吸气时,膈肌收缩带动肺部扩张,富含氧气的新鲜空气涌入肺部,氧气经由气道到达肺泡并透过肺泡壁进入毛细血管。经过血液循环,氧气被输送到全身各个组织器官,参与细胞内的氧化还原反应。在此过程中氧气被消耗并生成二氧化碳,同时提供能量给细胞进行各项生理活动。随后二氧化碳经过血液循环重新回到肺泡,并通过呼气排出体外。一个健康的成年人一天大约呼吸2万次,消耗约750克氧气并排出900克二氧化碳。

自制净水器 你能做到吗?

阿基米吴 科学实验室 这有何难?

实验需要的器材

矿泉水瓶、剪刀、两份蓬松棉、纱布、活性炭、石英砂

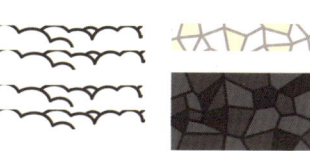
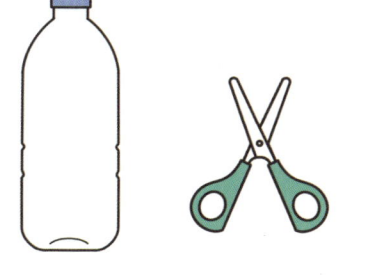

1. 首先把塑料瓶底部剪掉(去掉瓶盖)并倒置。

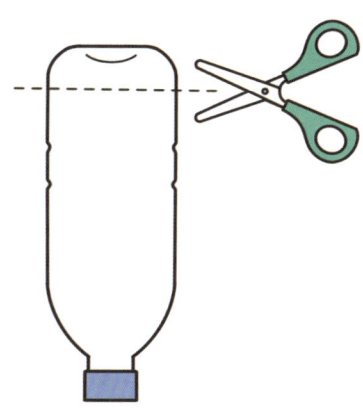

3. 最后将洗菜水(茶和饮料亦可)倒入瓶中,可以看到流出的液体是清澈的水。

2. 然后依次把蓬松棉、活性炭、石英砂、蓬松棉放入瓶内,将纱布盖在蓬松棉上。

 此为简易实验,过滤后的水不可饮用。

会玩课堂：这不科学？这是科学！

● 污水是如何被过滤的？

本实验中，自制净水器用到了多种材料，分别发挥着不同的作用：纱布可以过滤大颗粒的不溶性物质；石英砂可以过滤较小的不溶性物质；活性炭可以吸附有色有味的物质；蓬松棉可以吸附和过滤颗粒极小的不溶性物质。污水在净水器中经过多次过滤和吸附，最终变成较为洁净的水。

● 敲黑板：过滤和吸附原理在生活中的应用

自制净水器中所运用的过滤和吸附原理，在生活中也常常用到。

医用口罩：医用口罩通常由一层或多层无纺布和熔喷布复合而成，它能通过过滤和静电吸附等方式，阻拦空气中的微粒、飞沫、血液等随呼吸进入呼吸道，使佩戴者尽可能免受细菌和病毒的感染。

明矾净水：明矾在水中会生成氢氧化铝胶体，它和活性炭一样具有疏松多孔的结构，因此具有很强的吸附杂质的能力，能吸附水里的杂质，使水变得澄清。

课本大发现：（这些知识课本里都能找到哦！）

水的净化：《化学》九年级上册 第四单元课题2 书本实验

笔记

天才思维会发散 你明白了吗？

—— 自来水是如何被送到家中的？——

一打开水龙头，洁净的自来水就哗啦啦地流了出来。你有没有想过自来水来自何处，又是如何被送到家中的呢？

自来水最初来源于人工或天然水库。水库中的水经过引水渠到达自来水厂后，首先会与混凝剂充分混合进入絮凝池，混凝剂有吸附的作用，可以吸附水中的胶粒与微小悬浮物，形成絮状体。经过混凝的水进入沉淀池后，絮状体会逐步沉入池底和水体分离开来。随后，水会通过由石英砂等组成的粒状滤料层，滤掉水中的细小杂质。最后加入消毒剂消灭水中的细菌和病毒，符合标准的水便生产了出来。

经过自来水厂处理的水通过如同毛细血管般密布的地下供水网络被输送至各个小区。通常供水管网末端的水压可达数十米，可供低楼层居民直接使用，而更高的楼层的住户则需要借助水泵对水二次加压才能使用到自来水。

自制白糖晶体 你能做到吗？

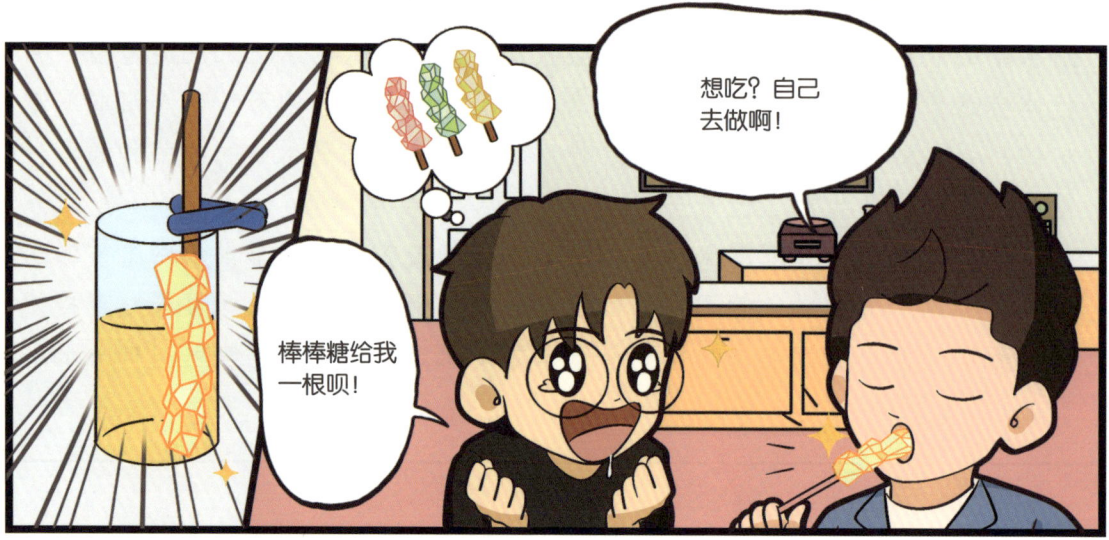

阿基米吴 科学实验室 这有何难?

实验需要的器材

小口锅、白砂糖、食用色素、长竹签若干、玻璃杯

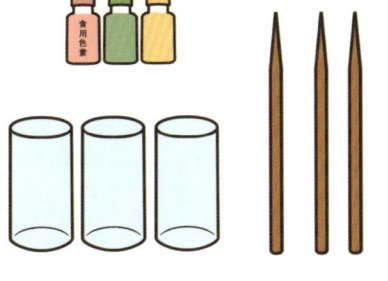

1. 首先向小口锅中加入500毫升水和300克白砂糖并开火煮成饱和溶液。

2. 然后将白砂糖溶液趁热倒进不同的玻璃杯里,并加入不同颜色食用色素,用长竹签蘸取白砂糖溶液,再滚上糖。

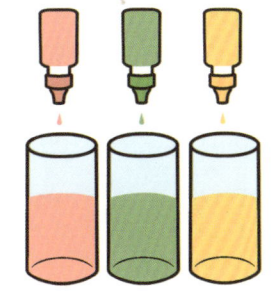

3. 再在竹签尾部夹上夹子,把竹签插在饱和溶液中固定住,放在通风阴凉的地方。

注意:实验所制作的棒棒糖仅用于实验观察,请勿食用。

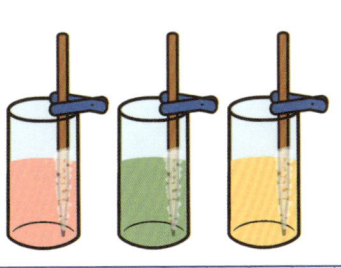

4. 等待几天,从白糖溶液中取出竹签,可以看到上面长出了晶莹剔透的棒棒糖。

会玩课堂 这不科学？这是科学！

● **棒棒糖是怎么"出现"的？**

降温结晶：先加热溶液，蒸发溶剂成饱和溶液，此时降低热饱和溶液的温度，溶解度随温度变化较大的溶质就会呈晶体析出，这一过程称为<u>降温结晶</u>。

在结晶过程中加入晶种可以提高结晶速率，控制晶体的形成位置。

白砂糖在水中的溶解度随温度上升而增大，在20℃时溶解度约为201克，而在100℃时溶解度高达约476克。因此本实验中先在热水中加入大量白砂糖做成饱和溶液，再将其冷却至室温，白砂糖就会析出。又因为溶液中放入了蘸有白砂糖的竹签作为晶种，晶体就会首先在竹签上形成。

● **敲黑板：夏天晒盐，冬天捞碱**

在我国西部分布着数量众多的盐碱湖，湖水中含有大量的食盐（氯化钠）和纯碱（碳酸钠）资源，当地农民便学会通过"夏天晒盐、冬天捞碱"从湖水中获取资源。

夏季阳光强烈而充沛，因此将湖水引入湖滩，通过阳光照射蒸发湖水就能得到食盐的饱和溶液，随后继续蒸发湖水，食盐晶体就能析出，从而得到食盐晶体。

冬季气温较低，而纯碱随温度的降低溶解度大幅度减小，因此冬季纯碱会从湖水中以晶体的形式析出并漂浮在湖面上，可以直接被打捞起来。

课本大发现：（这些知识课本里都能找到哦！）

溶解度：《化学》九年级下册 第九单元课题2 书本实验

天才思维会发散　你明白了吗？

—— 茶卡盐湖是如何形成的 ——

　　位于青海的茶卡盐湖有着天空之镜的美称，它清澈得如同光洁的镜子，映衬出湛蓝的天空和延绵的山峦，湖水四周围绕着白色的盐带，宛若戴上皓玉做的项圈。美丽的茶卡盐湖是怎么形成的呢？

　　最初，位于亚欧板块与印度洋板块交界地带的青藏高原只是一片汪洋，随着地壳运动才隆起成为高原。在此过程中有一部分海水积留在低洼地带，形成了许多盐湖和池塘，茶卡盐湖就是其中之一。

　　茶卡盐湖的水起初不断汇入黄河，后来在板块的运动下变为了内陆湖。由于这里气候干旱，降雨量少，湖水蒸发量是降雨量的好多倍，湖水中的盐分含量便越来越高，直至湖水饱和，盐分从湖水中析出，形成了我们现在所看到的白色盐带。

自|制|叶|脉|书|签 你能做到吗?

实验需要的器材

树叶若干、铁锅、纯碱、小刷子、丙烯颜料

1. 首先把若干树叶放入铁锅内,加入 500 毫升水和 100 克食用碱熬煮 15 分钟。

2. 然后取出树叶,用小刷子刷掉叶膜和叶肉。

3. 再用清水清洗涮洗,再刷上不同颜色的丙烯颜料。

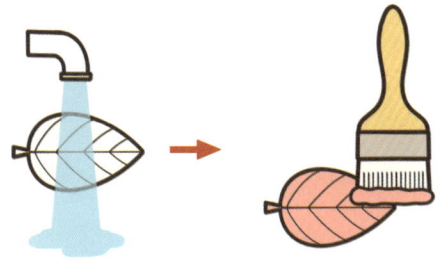

4. 最后放在阴凉处晾干,叶脉书签就做好了。

 注意

（1）可选用桂花树叶或桉树叶；
（2）食用碱可用小苏打代替；
（3）刷掉叶肉时要多加小心,避免刷破叶脉；
（4）晾干期间需要压紧,否则叶片会皱缩。

阿基米吴科学实验室 这有何难？

● 为什么叶肉煮一煮就没有了,但叶脉还在?

脂类是油、脂肪、类脂的总称。它是人体需要的重要营养素之一,在供给人体能量方面起着重要作用。在酸、碱或酶等催化剂的条件下都会发生水解反应,分解成甘油或高级脂肪酸。

本实验中,植物叶片中的叶脉主要成分是纤维素,在碱性溶液中不会发生反应;叶肉的主要成分是脂质,在碱性溶液中会发生水解反应。而纯碱溶液呈碱性,因此叶片在热的纯碱溶液中煮过后,叶肉水解为溶于水的物质,叶脉则保持完整。

● 敲黑板:碱性溶液溶解油脂的妙用

厨房清洁剂:厨房清洁剂通常为碱性,是因为厨房污渍多为油脂,油脂在碱性条件下能快速水解并生成易溶于水的高级脂肪酸盐。

皂化反应:油脂在强碱条件下水解生成甘油和高级脂肪酸钠,后者分离出来后经过加工便能制成肥皂,因此这一反应又称为皂化反应。

课本大发现:(这些知识课本里都能找到哦!)

常见的酸和碱:《化学》九年级下册 第十单元课题1 书本实验
油脂:《化学》高中选修5 第四章第一节

 笔记

天才思维会发散　你明白了吗？

——肥皂的发展历程——

肥皂是人类创造出来的最古老的化学品之一。最早的肥皂可以追溯到公元前3000年的两河流域，那时苏美尔人已学会将一份动物油脂和五份碱性的植物灰混合制成清洁剂；公元200年时，古罗马人也开始制作使用肥皂，在古罗马的博物志中特别记载着由山毛榉树烧成的灰与山羊脂肪混合熬制成的膏状物清洁效果最好。

起初肥皂只用于洗涤衣物和去除污渍，直到14世纪左右才逐渐被用于个人清洗。与此同时肥皂的制作工艺也开始在欧洲流传，13世纪时英国一些较大城镇开始用草木灰生产肥皂，15世纪法国也开始用海水、灰烬和橄榄油制作肥皂。

在过去，肥皂的材料之一纯碱来源稀少且昂贵，因此在18世纪前都未被广泛使用。直至1791年，法国化学家路布兰通过电解海水的方式制备出纯碱，再进一步制取出氢氧化钠，才使大量生产价廉质硬的肥皂成为可能，随后在工业革命的影响下，肥皂的生产工艺改进，原料也换成了气味怡人的棕榈油和椰子油，肥皂开始逐步走进千家万户。

第三辑

科学狂想曲

估算圆周率——蒲丰投针

你能做到

阿基米吴 科学实验室

这有何难？

实验需要的器材
牙签、铅笔、纸、直尺

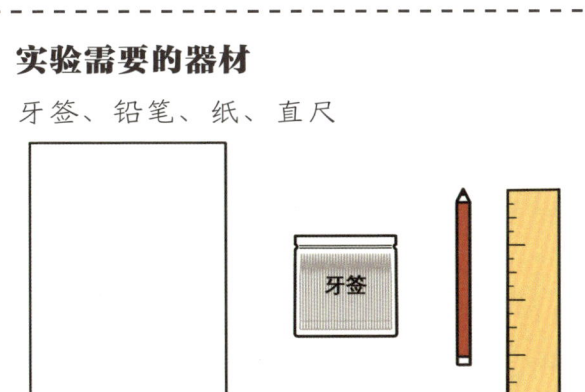

1. 首先在一张大的纸上（大约A4纸的四倍大）上画上间距为牙签长度两倍的平行线。

2. 然后使牙签从纸张上方随机地落下，记录落下的牙签总数 y。

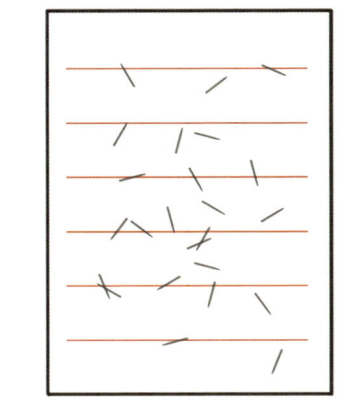

3. 再记录与平行线相交的牙签数量 x。

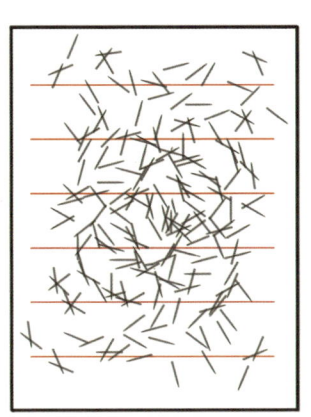

 **注意** 使用和回收牙签时，请小心不要被牙签刺伤。

4. 最后进行多次实验，计算每次实验中 y 和 x 的比值，并求出平均值。

会玩课堂 这不科学？这是科学！

● 投针问题的来历

本实验源自18世纪法国数学家蒲丰提出的"投针问题"。他在1777年出版的著作中写道："在平面上有一组间距为 a 的平行线，将一根长度为 l（$l \leq a$）的针任意投掷到此平面上，求此针与任意一条平行线相交的概率。"

蒲丰通过计算得出概率的值为 $P = \dfrac{2l}{\pi a}$。

他发现，针与平行线相交的概率是一个和圆周率 π 有关的式子，换句话说，当针的长度恰好是平行线间距的一半时，投出的针与平行线相交的概率，恰好是圆周率的倒数。因此通过这一办法可以求出圆周率的近似值，而扔的次数越多，所得到的数值越精确。

● 敲黑板：类投针方法的运用

蒙特卡洛方法：像投针实验一样，用通过概率实验所求的概率来估算我们所需要的量，这样的方法称为蒙特卡洛方法。

借助这种思想，我们可以用另一种方式来计算圆周率：

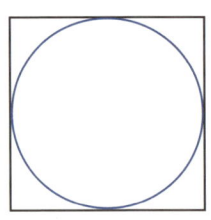

在一个正方形中画一个内切圆，可以算得，圆的面积与正方形面积之比为 π/4。

因此，假如向正方形内撒一大把米粒，再分别数出落在圆内的米和落在正方形内的米，其比值就是米落在圆内的概率 π/4，再将此结果乘以4，就得到了圆周率的近似值 π。向正方形内撒米的次数越多，计算出来的 π 也就越接近真实值。

课本大发现：（这些知识课本里都能找到哦！）

圆周率：《数学》九年级上册 第二十四章第三节

天才思维会发散　你明白了吗？

圆周率的发展史

最早人们对于圆周率的计算来源于实验测量。一块公元前1900年至公元前1600年的古巴比伦石匾上记载着圆周率=25/8=3.125，同一时期的古埃及著作《莱因德纸草书》上也表明圆周率等于分数16/9的平方，约等于3.1605。

古希腊数学家阿基米德（公元前287—公元前212年）开创了人类历史上通过理论计算圆周率近似值的先河，他指出圆的周长应介于其外接圆与内切圆之间，通过这种方式，他计算出圆周率大于223/71，小于22/7。

公元480年，南北朝的祖冲之进一步计算得出圆周率在3.1415926和3.1415927之间。在此后的近千年里，这一计算结果都是最精确的。直到15世纪初，阿拉伯数学家卡西求得圆周率小数点后17位数，才打破这一纪录。

电子计算机的出现使π值的计算有了突飞猛进的发展，1949年，世界上的第一部电子计算机仅用70个小时便计算出2037位小数。

如今，圆周率已被计算至小数点后十万亿位。计算圆周率的意义，不仅在于追求更精确的数值，更在于对未知事物内在规律的探索。

微波炉测光速 你能做到吗?

实验需要的器材

手抓饼、微波炉、直尺、笔

阿基米吴 科学实验室 这有何难？

1. 首先取出微波炉中的转盘，确保加热食物时不会转动。

2. 拿出一张手抓饼，放进微波炉里（高火，约五分钟）烤至出现两个烧焦的点。

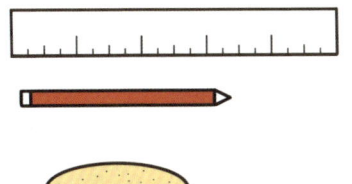

3. 然后测量两个烧焦的点中心的距离，用它乘以 2 得出微波的波长。

 请留意手抓饼加热时间，并在成人陪同下完成本实验。

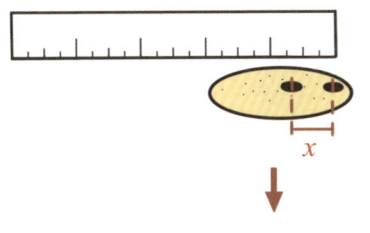

4. 最后用波长乘以微波炉的工作频率，就可以得出光速的近似值。（注意单位换算）

$$2 \cdot x = \lambda_{波长}$$

$$c_{波速} = f_{频率} \cdot \lambda_{波长}$$

· 87 ·

● 用电磁波计算光速的原理

电磁波：电磁波由变化的电场和磁场相互激发而产生，是以波的形式传递的电磁场。电磁波的传递不需要介质，其传播方向垂直于电场与磁场的振荡方向。无线电波、微波、红外线、可见光、紫外线都属于电磁波。电磁波在真空中的传播速度为 $c=299792.458$ km/s。

由于光和微波炉发射的微波同属电磁波，因此计算微波的速度，也就得到了光速。根据波长频率公式：波速＝频率×波长，想要计算波速，就要得到微波的波长和频率。

微波炉的微波频率可查看产品参数得到，接下来需要想办法得到微波的波长。

微波炉工作时，腔内会形成相位恒定的驻波，其波峰和波谷处的能量最高，升温最快，利用这一性质，我们将微波炉的转轮取下，将手抓饼固定在微波炉内，这样一来，手抓饼上最先被烤焦的位置就正好对应微波的波峰和波谷。

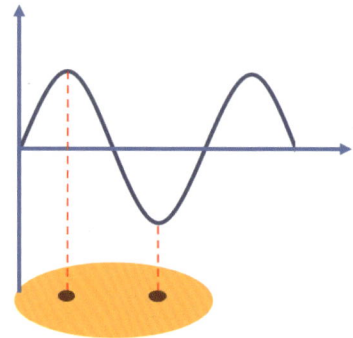

如图，测量两个焦点中心的距离就得到了半波长，进而得到波长。将数据带入公式：波速＝频率×波长，就能粗略计算出电磁波的波速，即光速了。

会玩课堂 这不科学？这是科学！

课本大发现：（这些知识课本里都能找到哦！）

电磁波的发现：《物理》高中选修 3-1 第三章第一节

天才思维会发散 你明白了吗？

——微波炉是如何工作的——

二战期间，美国一位雷达工程师斯宾塞偶然发现自己口袋里的巧克力融化了，经过他的观察与实验，他发现了雷达产生的微波具有热效应。随后在1945年，美国雷神公司基于他的发现发明了世界上第一台微波炉。经过数十年的发展，微波炉在20世纪60年代开始进入家庭，成为厨房电器的重要一员。

微波炉在工作时会在炉腔内产生频率为2450 MHz的高频微波，这些微波本身不具有热量，但食物中的极性分子（如水、糖、蛋白质、脂肪等）会随着微波的振荡而运动，因此一旦食物被微波照射，这些极性分子便会以每秒24亿5千万次的频率振荡，高速运动的分子彼此剧烈摩擦，便产生了大量的热量使食物升温。由于微波能穿透食物到达内部，因此相比于传统的加热方式，微波炉加热的食物不仅加热更快，受热也更均匀。

神奇的水珠 你能做到吗?

实验需要的器材
蜡烛、打火机、纸杯

1. 首先将蜡烛点燃，然后把纸杯底缓缓放在火焰上方。

 请使用正规厂家生产的打火机，在成人陪同下完成实验，并注意用火安全。

2. 然后观察杯底颜色，待其烤出炭黑后吹灭蜡烛。

3. 最后往杯底滴上一滴水，晃动纸杯，发现水珠随着纸杯滚动。

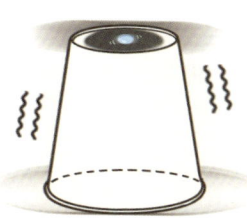

阿基米吴科学实验室

这有何难？

会玩课堂 这不科学？这是科学！

● 什么是荷叶效应？

荷叶的表面上有一层绒毛和微小的蜡质颗粒，水在这些纳米级的微小颗粒上不会向莲叶表面浸润，而是形成一个个水珠，这一现象叫作荷叶效应。

本实验中，当蜡烛靠近纸杯底部时，由于氧气补充不足，蜡烛不充分燃烧产生颗粒极细且疏水的炭黑颗粒，这些炭黑颗粒直径在数纳米左右，附着在纸杯底部形成疏水层，使水滴仍保持水珠的形状自由滚动。

● 敲黑板：荷叶效应在材料学中的应用

通过对莲花表面结构的研究与模拟，未来可以生产出具有疏水和疏油性质的超双疏纳米材料。如经过超双疏技术处理过的纺织材料不仅有卓越的疏水疏油性能，只需要经过简单的洗涤就能达到清洁效果，而且也保留了织物原本的优良性能如纤维强度、透气性、亲肤性。而经过纳米技术处理的建筑材料和涂料则能免于受到灰尘的影响，极大减少清洁的成本。

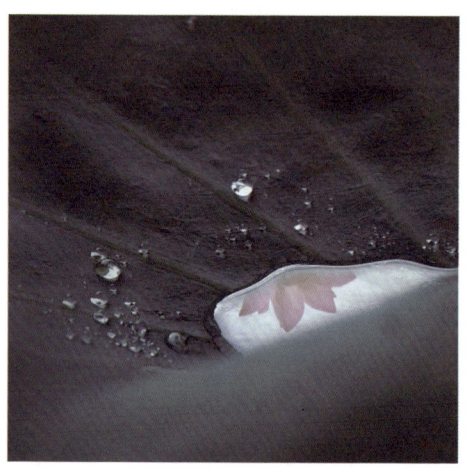

课本大发现：（这些知识课本里都能找到哦！）

浸润：《物理》高中选修 3-3 第九章第二节

天才思维会发散 你明白了吗？

—— 莱顿弗罗斯特效应 ——

我们在做菜的时候可以观察到，如果锅的温度仅仅略高于水的沸点，滴在锅上的水会发出嘶嘶声并迅速沸腾，相反如果将锅烧得更热，滴上去的水反而不会立即蒸发，而是保持水珠的形状并能在锅内自由地滚来滚去。有经验的厨师往往能通过这一现象来判断锅是否足够热。

莱顿弗罗斯特最先发现这一现象并对其进行了研究。他将水滴在炙热的铁勺上，发现水珠悬浮在了铁勺上并存在了30秒之久。经过进一步研究发现，这是因为当水接触到比其温度高得多的物体表面时，一部分水迅速蒸发形成了蒸汽层将水珠托起，阻隔在了高温物体和水之间，又由于水蒸气的传热速度很慢，因此水珠便能存在很长时间不被汽化。这一现象被称为莱顿弗罗斯特效应。一些传统仪式上，参与者沾湿双脚，再迅速踏过炙热的炭火，就能免于被烫伤（专业动作，请勿模仿），也正是借助了这一效应。

费纳奇镜 你能做到吗？

实验需要的器材

剪刀、纸板、彩笔、木棒、镜子

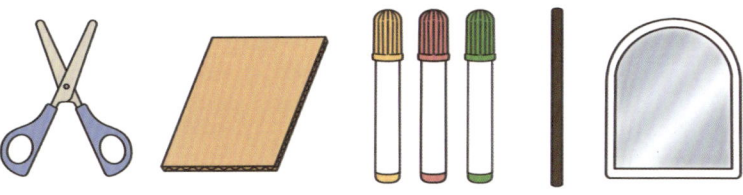

1. 首先将一个圆形硬纸板等夹角地剪出八道狭缝。

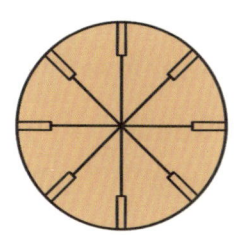

2. 然后在纸板上绘制一系列连续的图案,再用一根木棒穿过圆盘并固定。

3. 最后将圆盘有图案的一面平行对着镜子转动,就可以在镜子上看到动画了。

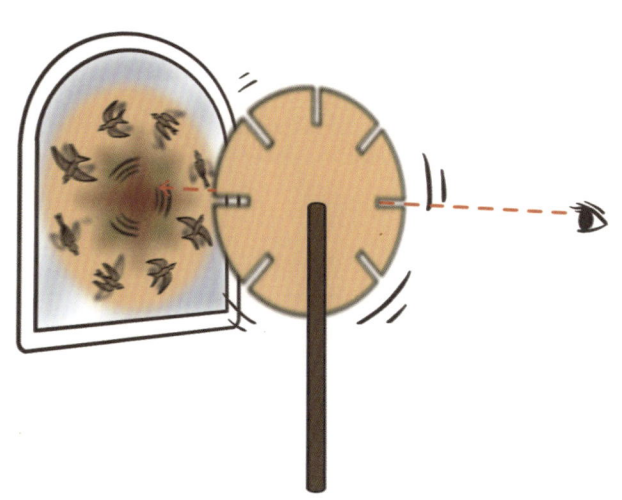

阿基米吴科学实验室 这有何难?

● 费纳奇镜包含的科学原理

视觉暂留现象：人眼观看物体时，成像于视网膜上，并由视神经输入人脑，感觉到物体的像。但当物体移去时，视神经对物体的印象不会立即消失，而要延续0.1~0.4秒的时间，这一现象被称为视觉暂留现象，它是人的生理现象。

似动现象：当一个物体以一定的时间间隔和距离相继呈现时，人们会产生"物体在运动"的幻觉，这一现象被称为似动现象，它是一种心理现象。

本实验中，当转动圆盘时，我们可以透过狭缝观察到圆盘上一系列连续的图像，在视觉暂留现象和似动现象的共同作用下，人便本能地以为画面是连续的、运动的。

● 敲黑板：电影对视觉暂留现象和似动现象的运用

电影在拍摄时，摄像机会以一定的频率将画面拍摄记录下来，而在播放影片时，再将这一系列拍摄的画面以一定的频率（通常为每秒24幅画面，即24帧）连续放映，借助视觉暂留现象和似动现象，人们便将看到的连续播放的画面在脑海中"合成"了连续的影像。

笔记

天才思维会发散　你明白了吗？

—— 电影的诞生 ——

1825年，英国学者帕里斯发明了名为幻盘的东西，这是一个正面画着一只鸟，背面画着一个鸟笼的圆盘。幻盘快速转动时，由于视觉暂留现象，鸟在视网膜中的影像还未完全消失，笼子的影像便出现在了视网膜上，使人产生了鸟在笼中的错觉。在幻盘的启发下，许多科学家、发明家、工程师前赴后继地从事连续摄影和放映的研究，如法国人埃米尔·雷诺就于1888年发明了光学影戏机，而大名鼎鼎的爱迪生随后也在1891年发明了活动电影放映机。

在爱迪生的影响下，卢米埃尔兄弟也开始研制一种被他们称为活动电影机(cinematograph)的机器。1895年12月28日，他们在巴黎一间地下室放映了世界上第一部公开售卖的电影《工厂的大门》，尽管只有短短数分钟，也很快轰动了整个巴黎，传遍了全世界。它标志着电影的诞生，开启了电影的时代，因此这天也被称为电影的诞生日。

塑料袋火箭 你能做到吗?

实验需要的器材

塑料袋、铅笔、瓦楞纸、剪刀、透明胶

1. 首先往长塑料袋中吹气,吹满后把塑料袋口扎起来。

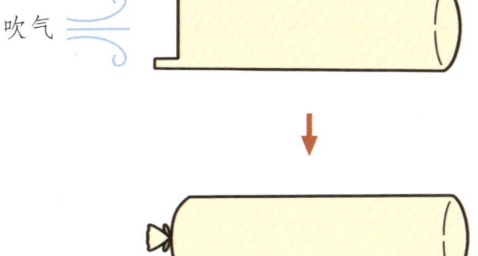

2. 然后用铅笔在瓦楞纸上画出尾翼,用剪刀把尾翼剪出来。

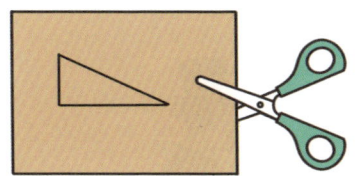

3. 再把尾翼按照一定的角度粘在塑料袋上,塑料袋火箭就完成了。

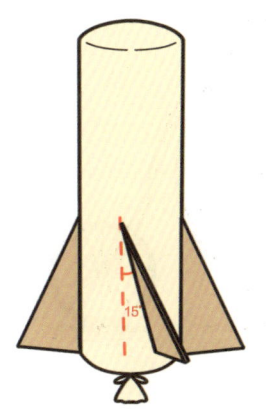

阿基米吴科学实验室 这有何难?

会玩课堂 这不科学？这是科学！

● 为什么塑料袋火箭可以飞很远？

旋转的物体具有保持其旋转方向的特性，称之为 定轴性。如陀螺在不转动时会倾倒，但以一定速度转动起来就会绕旋转轴稳定地旋转而不倒下。

本实验中，未经过改装的火箭在空气阻力和重力作用下很快就会落地。但如果将火箭尾翼扭转一定角度（约15°）后，火箭在飞行过程中便会在尾翼的作用下绕自身纵轴旋转，大大提高飞行过程的稳定性，使其能在较长时间内保持运动的方向不发生偏移。

● 敲黑板：定轴性在生活中的应用

标枪投掷：标枪运动员在掷出标枪的瞬间通过手腕与手指的发力使标枪绕自身纵轴旋转，从而提高标枪飞行的稳定性，使其能克服重力与空气阻力飞行得更远。

子弹出膛：现在枪械的枪管内有膛线，使子弹射出时能绕自身纵轴高速旋转，从而使其保持原来的前进方向，大大提升了枪弹的射程与精度。

自行车轮：自行车在静止时难以保持平衡，但一旦骑起来，车轮快速转动，自行车就能轻松保持平衡，这是因为车轮在旋转时具有定轴性。

天才思维会发散　你明白了吗？

—— 不可思议的陀螺仪 ——

我们注意到，即使在倾斜的路面上，平衡车也能保持在重力方向上竖直，相机在装上稳定器后，无论如何转动，稳定器都能保证相机始终指向同一个方向，这些神奇的现象都离不开一个叫作陀螺仪的电子装置。

最早的陀螺仪是将旋转的陀螺安装在万向支架上，由于高速旋转的陀螺具有定轴性，因此无论如何偏转陀螺仪，旋转的陀螺始终指向同一个方向，因此人们便可以通过陀螺的方向来辨别方位。

陀螺仪被发明以后，首先被用于航海领域，在飞机被发明出来后，由于飞行员在驾驶飞机时难以通过肉眼辨别方位，容易迷航，因此陀螺仪迅速被应用于航天领域，成为飞行仪表的核心。

如今，笨重的机械式的陀螺仪由于精度较差，已逐渐退出历史舞台，取而代之的是更加先进的光纤陀螺仪、激光陀螺仪和微电陀螺仪。它们被应用于检测物体的运动和判断方位，可以说，没有陀螺仪，就没有今天的飞机和火箭，甚至没有今天的现代生活。

口香糖砸椰子 你能做到吗?

实验需要的器材
口香糖、椰子

阿基米吴科学实验室

这有何难？

1. 首先取出一片口香糖，将它捏成一个圆锥体放在桌上。

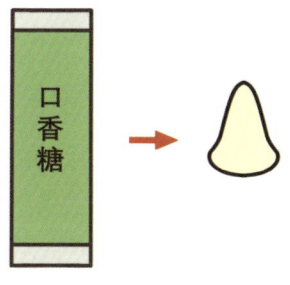

2. 然后将椰子的一端重重向口香糖砸去。

3. 最后将椰子翻过来，取下口香糖和黏住的椰子壳，就可以喝到美味的椰子汁啦。

会玩课堂 这不科学？这是科学！

● 什么是非牛顿流体？

不符合牛顿流体定律的流体被称为**非牛顿流体**，其剪应力与剪切应变率不满足线性关系。非牛顿流体广泛存在于自然界中，如人的血液、淋巴液等体液，石油、泥浆以及绝大部分浓稠的液体都属于非牛顿流体。

本实验中，捏成锥形的口香糖就是一种非牛顿流体，它具有剪力增稠性，在外力达到一定程度和大小时，流体内部形成了新的结构从而使其阻力和黏度显著增大，表现为如果突然受到很大的力，会变得像固体一样坚硬。因此在椰子快速砸向口香糖时，锥形口香糖的顶点给予椰子表面极大的压强，使椰子被轻松砸出一个洞。

● 敲黑板：剪力增稠流体和剪力稀化流体

非牛顿流体根据其不同性质可以大致分为两类：剪力增稠流体和剪力稀化流体。

剪力增稠流体：剪力增稠流体在不受冲击时，液体粒子互不干扰整体呈现液态，受到剧烈冲击时则呈现为固态。将这种流体应用于防弹衣，既可以保证穿戴者灵活运动，不受到笨重的传统防弹衣限制，又能给予其有效的防护。

剪力稀化流体：剪力稀化流体大多为巨大的链状分子构成的高分子胶体粒子。在低流速或者静止时，由于分子间互相缠结而具有较大的黏性。而在流速变大或受到外力时，这些散乱的链状粒子由于受到流层之间的剪应力作用，减少了它们的互相钩挂，使黏性减小。和食品相关的液体如蚝油、番茄酱、炼乳等都被制作成剪力稀化流体以便于加工和运输。

课本大发现：（这些知识课本里都能找到哦！）

流体的运动：《物理学》上册 第四章 第七章

天才思维会发散　你明白了吗？

神奇的流体——沥青

想必大家都见过铺在大马路上的一层黑乎乎的东西，这便是沥青。它是一种复杂的有机混合物。1927年，托马斯·帕内尔教授为了向学生们证明室温环境下的沥青是一种液体而非固体，做了历史上持续时间最长的实验——沥青滴漏实验。

他将沥青样本放入一个封了口的漏斗内，3年后再将漏斗的封口切开，让沥青开始缓慢流动。从1930年切开漏斗至今，仅有9滴沥青从漏斗口流出，最后一滴于2013年7月流出，整个实验持续了80余年。由于沥青是一种黏度极高的液体，他的黏性是水的1000亿倍，平均近10年才会有一滴沥青落下，在这个漫长的实验过程中，托马斯教授和他的接替者约翰·梅恩斯顿教授都相继去世，如今这个实验在安德鲁·怀特的负责下继续进行着，没人能知晓下一滴沥青会在何时滴落。正如第二位负责人约翰·梅恩斯顿教授所说：自然界的伟大之处就在于它的不可预测。这一看似无聊的实验除了证明沥青确实是一种流体，还印证着科学家们对于未知事物的不断追求。

第一辑 看不见的手——气压和液压

倒立水不掉

大气压强：《物理》八年级下册 第九章第三节

水吸乒乓球
大气压强：《物理》八年级下册 第九章第三节

迎风而上的乒乓球

流体压强与流速的关系：《物理》八年级下册 第九章第四节

平分可乐

大气压强：《物理》八年级下册 第九章第三节

彩虹气球环

流体压强与流速的关系：《物理》八年级下册 第九章第四节

会喝水的瓶子

大气压强：《物理》八年级下册 第九章第三节

打不湿的纸

大气压强：《物理》八年级下册 第九章第三节

会喷雾的吸管
流体压强与流速的关系：《物理》八年级下册 第九章第四节书本实验

模拟飞机机翼
流体压强与流速的关系：《物理》八年级下册 第九章第四节书本实验

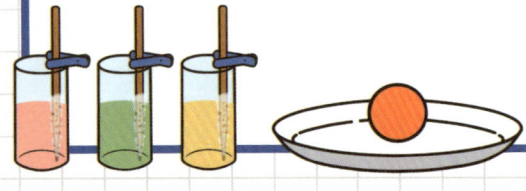

第二辑 化学反应嘉年华

杯子里的彩虹雨
溶液的形成：《化学》九年级下册 第九单元课题1

橘子爆气球
相似相溶原理：《无机化学》第一章第一节

变色的紫甘蓝
常见的酸和碱：《化学》九年级下册 第十单元课题1

膨化食品知多少
生命的基础能源——糖类：《化学》高中选修1 第一章第一节

彩虹瀑布
溶液的形成：《化学》九年级下册 第九单元课题1

隔空点蜡烛
化学的性质：《化学》九年级上册 第一单元课题2 书本实验
物态变化：《物理》八年级上册 第三章第四节

会吸水的蜡烛
氧气：《化学》九年级上册 第二单元课题2
二氧化碳的性质与实验室的制取：《化学》九年级上册 第六单元实验活动2

自制净水器
水的净化：《化学》九年级上册 第四单元课题2 书本实验

自制白糖晶体
溶解度：《化学》九年级下册 第九单元课题2 书本实验

自制叶脉书签
常见的酸和碱：《化学》九年级下册 第十单元课题1 书本实验
油脂：《化学》高中选修5 第四章第一节

第三辑　科学狂想曲

估算圆周率——蒲丰投针
圆周率：《数学》九年级上册　第二十四章第三节

微波炉测光速
电磁波的发现：《物理》高中选修 3-1　第三章第一节

神奇的水珠
浸润：《物理》高中选修 3-3　第九章第二节

口香糖砸椰子
流体的运动：《物理学》上册　第四章第七节

后记

当你读到这篇后记,相信你已经过五关、斩六将,完成了这不科学啊团队给你们设计的五十个科学实验。希望通过这段时间的合作,我们已经成为好朋友了!

在所有实验的最后,我想跟你分享一下,这不科学啊团队这位好朋友的故事。

我们在美丽的厦门市鹭岛出生,今年已经两岁啦!最初做视频,只是一群热爱科学的青少年,分享有趣而搞笑的日常,我们没有想过这样的自娱自乐会吸引这么多的关注和点赞。

2019年9月27日我们在抖音平台发布了第一条视频"牛奶动画恶搞",那时候阿基米吴是一张稚嫩的娃娃脸,会玩还没有入镜,在场外做"导演"。在现场进行拍摄指导的时候,我们透过摄像机发现,会玩的表情又夸张又搞笑,于是在一众小伙伴的鼓励下,他从幕后走到了台前。后来,就有了今天你们看到的阿基米吴、陈会玩和他们好朋友共同演绎的科学日常。

随着粉丝越来越多,视频的曝光量逐渐增加,评论区的粉丝留言像雪花一样涌了进来:这些实验是什么原理?我也能做吗?怎么做?为什么会……?

这些问题大部分来自和阿基米吴年纪相仿甚至更小的孩子,从这些带着疑问的文字里,仿佛能看到他们一双双充满好奇、渴求知识的眼睛。我们开始逐渐意识到,"这不科学啊"不再是一个普通的娱乐账号，我们说出的每一个字，拍的每一个视频都可能会影响成千上万的粉丝。这让我们又荣幸又惶恐，开始反问自己：我们真的可以吗？我们担得起这份重任吗？带着这份惶恐，我们开始鞭策自己，要求自己做得更好。

于是接下来，在只有几十秒的短视频中，我们不仅努力将视频做得有趣好玩，还尽可能增加了对背后原理的解释，希望向每一位粉丝传递这样的科学精神：独立思考，积极实践。

2020年，我们在抖音平台的粉丝数量开始向千万迈进，但是我们已经没有了当初那份茫然，取而代之的是一份清晰的规划：我们要在立足自媒体的同时，以更丰富的形式将科学带给所有喜欢科学的朋友们。

我们陆续参与了公益科学献爱心活动、进校园举办科技周、与科技馆联合举办科学挑战赛……活动现场同学们山呼海啸般的欢呼，还有对各种小实验跃跃欲试的笑脸，见证了在场每一个人对科学的热爱。

到今天为止，这不科学啊团队不仅发布了一百多个视频，还举办或参与了几十场大大小小的公益活动，面对面把好玩的科学分享给数以万计的朋友。

感谢大家对我们这不科学啊团队的喜爱与支持，书中如果有什么不对的地方，欢迎大家指正，我们会继续学习与改进，争取做出更多优秀的作品，跟大家一起体验科学的魅力，分享科学的奇趣。

最后，再次谢谢你，希望《原来科学这么好玩》可以是那一束光，照亮你们的科学梦想！

★本书中部分图片来源：视觉中国。